M. A. Manet.

W0395584

« L'aire de famille »

Rosette Poletti
Barbara Dobbs

VIVRE LE DEUIL EN FAMILLE

Des pistes pour traverser l'épreuve

éditions
saint-augustin

© Editions Saint-Augustin, 2001
Case postale 148
CH – 1890 Saint-Maurice

ISBN 2–88011–204–4

Epreuve du deuil est vécue ± bien en fonction de perso, maturité et croyances de chacun. C'est avant tout une épreuve qui se vit en famille et nécessite 1 réaménagement d'un équilibre et relations familiales

INTRODUCTION

La famille est une ressource où elle peut être un poids pour traverser cette épreuve.

Vivre le deuil d'un proche représente l'une des plus grandes épreuves de la vie. Chaque personne va faire face à cette épreuve en fonction de son âge, de sa maturité émotionnelle, de ses ressources psychologiques et spirituelles.

Le deuil est donc un chemin personnel, mais c'est aussi un événement qui se vit en famille.

Tout défunt est le fils ou la fille de ses parents, le frère ou la sœur, le père ou la mère, le conjoint, l'oncle, la tante, le cousin, la cousine, le grand-père ou la grand-mère de quelqu'un.

L'importance qu'attache notre société à l'indépendance, la maîtrise personnelle des situations de crise peut faire oublier l'importance des liens familiaux, du vécu du deuil à l'intérieur de la famille.

Le deuil se vit dans l'interdépendance des relations familiales, nous vivons, mourons, traversons le deuil dans un contexte familial où les liens avec ceux qui nous ont précédés et ceux qui nous suivront sont fondamentaux.

La mort d'un membre de la famille modifie les relations existantes et exige le réaménagement d'un équilibre entre les personnes.

Le deuil vécu au sein d'une famille peut être moins lourd à porter car on peut s'appuyer l'un sur l'autre.

Malheureusement, il peut aussi être compliqué par des relations difficiles entre les membres de cette famille.

Le but de ce petit ouvrage est d'apporter quelques éléments qui, nous le souhaitons, permettront peut-être au lecteur de mieux comprendre le cheminement du deuil et son impact particulier sur la dynamique familiale.

LA FAMILLE EN DEUIL

La foi

C'est avoir assez de lumière
Pour porter ses obscurités

Assez de réponses
Pour porter ses questions

Assez d'expériences
Pour affronter l'inconnu

Assez de reconnaissance
Pour faire confiance
À ce qui reste à dévoiler

Louis Evely

Le deuil est un événement complexe et fondamental dans la dynamique d'une famille. Il implique la gestion d'émotions particulièrement intenses, la nécessité de se détacher d'une personne essentielle à la vie de la famille, la modification de l'équilibre des relations existant entre ses membres. Il exige l'intégration de la perte afin que soit rétablie la stabilité essentielle à la vie de la famille.

L'histoire de Sophie

Sophie était mariée depuis 15 ans avec Eric. Ils avaient 3 enfants, Jean-Paul, quatorze ans, Mariette, 10 ans et Stéphane, 7 ans.

Éric travaillait en tant qu'ingénieur et gagnait bien sa vie. Sophie n'avait pas d'activité professionnelle, elle offrait un peu de son temps en tant que bénévole à sa paroisse lorsqu'elle se sentait assez bien pour le faire car elle passait par des phases de dépression très graves. Un jour, elle décida de mettre fin à ses jours en absorbant des barbituriques.

Ce fut un moment dramatique pour toute la famille. Éric était effondré mais réussit malgré tout à soutenir ses enfants.

Jean-Paul fit face en s'isolant dans sa chambre avec son ordinateur, chaque fois que son père voulait parler de ce qui s'était passé, Jean-Paul assurait son père que tout allait bien et s'enfuyait dans sa chambre.

Mariette exprimait beaucoup d'émotions, elle pleurait dans les bras de son père, recherchait le contact avec sa grand-mère maternelle pour pouvoir parler de sa maman, regarder des photos et écouter des récits sur l'enfance de sa mère.

Stéphane devint très agressif, il se battait avec ses camarades d'école, avec sa sœur. Ses résultats scolaires devinrent catastrophiques.

La mère d'Eric qui venait parfois garder les enfants éprouvait de la colère contre sa belle-fille pour s'être suicidée et avoir laissé son fils et ses petits-enfants dans la peine.

Mariette ressentait la colère de sa grand-mère paternelle contre sa mère et se comportait très mal envers son aïeule. Elle préférait sa grand-mère maternelle qui habitait à proximité et qui n'avait pas des relations très harmonieuses avec son beau-fils à qui elle reprochait de n'avoir pas su rendre sa fille heureuse.

Heureusement, Eric connaissait un certain nombre d'informations à propos du deuil. Il avait invité ses enfants à voir le corps de leur maman, il avait préparé le service funèbre avec eux et ils y avaient tous assisté. Il avait expliqué le geste de son épouse à ses enfants avec beaucoup de doigté et d'amour et il parlait volontiers de son épouse décédée.

Cependant, comme on peut le voir, le décès de la mère de famille est vécu différemment par chacun des enfants en relation avec son âge, son caractère, ses moyens de faire face.

Sophie était une épouse et une mère, mais elle était aussi la fille de ses parents, la belle-fille de ses beaux-parents avec tout ce que cela peut comporter.

Chaque membre de la famille a besoin de gérer la perte à sa manière, en fonction de son interprétation de la situation, de son aptitude à communiquer, de sa sensibilité, de ses capacités d'adaptation.

Vivre le deuil en famille, cela exige une compréhension de ce qui est en train de se produire, un désir de se soutenir l'un l'autre pour pouvoir faire face, une manière de communiquer et de réorganiser le fonctionnement du quotidien afin de retrouver un minimum de stabilité indispensable.

L'histoire de Mathieu

Mathieu était un merveilleux bambin de 2 ans. Son père et sa mère se sentaient comblés par sa présence.

Marie, la mère, travaillait à 80 % comme aide-soignante et Paul, son mari, était pêcheur sur le lac. Le couple passait par des hauts et des bas parce que Paul s'adonnait souvent à l'alcool et ne se rendait pas très régulièrement à la pêche.

Depuis la naissance de Mathieu, cela n'avait pas été facile pour Marie. Elle avait coupé les ponts avec ses parents qui lui reprochaient son mariage et, surtout, le choix de son conjoint. Les parents de Paul vivaient dans une autre partie du pays.

Lorsque Marie travaillait, Paul s'occupait de Mathieu l'après-midi et une maman de jour le gardait le matin.

Souvent, Paul emmenait Mathieu dans son hangar à bateau, là où il réparait ses filets.

Ce jour-là, il avait invité 2 copains à le rejoindre. Tous trois étaient attablés autour d'une bouteille de vin blanc et la conversation était animée. Tout à coup, Paul se souvint de son fils : « Mais où est le gamin ? » Il sortit du hangar, personne, personne nulle part. Les deux autres copains vinrent à sa rescousse. Tout à coup l'un d'eux s'écria : « Ici, le gosse est ici ! » Un petit corps flottait entre deux bateaux de pêche dans le petit port. Mathieu était mort, il s'était noyé. C'était irrémédiable !

Lorsque Marie apprit la mort de son enfant, elle entra dans une colère terrible, la douleur intense de la perte de son enfant, la colère contre Paul, toutes ces émotions se bousculaient en elle.

Ne voulant pas revoir ses parents à ce moment-là, ni ceux de son mari, elle décida d'enterrer Mathieu dans la plus stricte intimité.

Puis très rapidement, elle demanda une séparation, et plus tard un divorce.

La mort de Mathieu a précipité la dissolution du couple et creusé plus profondément encore le fossé de la mésentente dans la famille.

Mort brutal d'1 enft => prob' famille

L'histoire de Sylvain

Sylvain avait 22 ans. Il était le fils chéri de ses parents et le frère adoré d'une jeune sœur de quatre ans sa cadette. Il se préparait à devenir pasteur et étudiait la théologie.

Ses grands-parents aussi bien paternels que maternels n'avaient que des éloges à son égard. Il représentait l'avenir, la bonté, l'intelligence, le service des autres.

Un soir de juillet alors qu'il venait de réussir sa demi-licence et qu'il était très heureux, il ressentit une énorme fatigue avec des douleurs diffuses très intenses.

Comme il avait travaillé d'arrache-pied pour passer ses examens de fin d'année, il pensa que tout cela était dû à la fatigue ou que peut-être il allait avoir une grippe.

Cependant comme rien ne le soulageait, il décida d'aller voir son médecin qui le fit entrer immédiatement à l'hôpital. Trois semaines plus tard il mourait d'une leucémie foudroyante.

Ce deuil, inattendu, brutal eut des conséquences terribles sur toute la famille : sa sœur renonça à poursuivre ses études, sa mère entra dans une dépression réactionnelle, son père, très en colère contre Dieu, prit ses distances d'avec l'Eglise et les grands-parents eurent, chacun d'eux, des problèmes de santé dans les mois qui suivirent.

Il fallut près de 6 ans pour que les membres de cette famille retrouvent une forme d'équilibre. Amélie, la jeune sœur eut de gros problèmes avec ses parents, et particulièrement avec sa mère, à qui elle reprochait son attention exclusive pour la mémoire de ce frère défunt, alors qu'elle-même était bien vivante et aurait souhaité « compter » pour ses parents.

Voilà trois situations parmi les centaines que nous côtoyons dans les sessions de deuil et séparation que nous animons depuis de nombreuses années, en France et en Suisse.

Chaque décès provoque des réactions de deuil chez ceux qui étaient en relation d'une manière ou d'une autre avec la personne décédée.

Une famille, c'est comme un mobile, enlevez un élément et tout est déséquilibré. Proche ou lointain, chaque membre de la famille est touché par la mort d'un des siens. Le départ de quelqu'un suscite inévitablement, des sentiments de tristesse, de colère, de culpabilité, de peur, de compassion. C'est lui, mais ce pourrait être moi ! C'est l'autre qui meurt et j'avais tant de choses à lui dire, j'aurais voulu le revoir, j'aurais voulu son pardon, j'aurais voulu connaître le secret de famille qu'il détenait, j'aurais tant voulu qu'il sache que je l'aimais.

Mais voilà, tout cela n'est plus possible.

La mort d'un membre de la famille réactive souvent les vieux conflits, avive les incompréhensions, suscite les séparations. Il n'est pas nécessaire qu'il en soit ainsi. La mort d'un proche peut aussi fortifier les relations, permettre que chacun s'ouvre au chagrin de l'autre, susciter la compassion des uns pour les autres.

En s'acceptant, en prenant conscience du chemin à parcourir, en trouvant l'information nécessaire et osant demander de l'aide, le deuil dans la famille peut être vécu sans devenir source de maladie.

la † d'1 proche touche 1 famille et la bouleverse

. soit précipite les séparat°

. soit ressource pr faire face au deuil.

LE PRÉ-DEUIL

Quand sonne l'heure du dernier rendez-vous,
la seule richesse que l'on emporte avec soi,
c'est tout ce que l'on a donné !

Auteur inconnu

Accpt Préparation familiale à la + de l'1 d' entre eux => facilite travail de deuil

André et Claire avaient une belle jeune fille de 17 ans.

Très bonne élève, elle envisageait d'accomplir de longues études. D'humeur égale et agréable, Oriane faisait la joie de toute la famille.

A la reprise des classes en septembre, Oriane se sentait anormalement fatiguée, sans appétit, presque abattue. Une visite chez le médecin, suivie de tests divers permit d'identifier la maladie dont était atteinte la jeune fille. C'était un cancer de la pire espèce, avec bien peu de possibilités de guérison.

Le choc fut terrible pour André et Claire ses parents, pour ses grands-parents ainsi que pour son grand frère, ses oncles et tantes, ses cousins, ses camarades d'écoles.

Oriane apprit la vérité sur sa maladie progressivement et vécut intensément le temps qui lui restait. Toute la famille avait décidé de vivre ces derniers mois dans la vérité et la transparence.

Claire, la maman prit un congé sans salaire, André consacra tout son temps libre à Oriane. Tous les membres de la famille se relayèrent auprès d'Oriane et aidèrent les parents par tous les moyens possibles.

Dès que les traitements le permirent, Oriane revint à la maison où des infirmières venaient quotidiennement lui donner les soins nécessaires. Un médecin compétent en soins palliatifs (soins spécifiques à donner à une personne en fin de vie) se rendit tous les jours au chevet d'Oriane qui mourut au bout de huit mois de maladie, le mercredi précédant Pâques.

Pour toute la famille, le décès d'Oriane a été une expérience à la fois déchirante et profonde.

Le fait d'avoir pu l'accompagner, d'avoir vécu cela ensemble, d'avoir pu se préparer au décès et d'avoir eu la possibilité de donner à Oriane tout l'amour dont ils étaient remplis a grandement facilité le processus de deuil.

La période de « pré-deuil » avait été pour eux une possibilité de dire « au revoir » ou plutôt « A Dieu ».

Ce qu'est le pré-deuil

Le pré-deuil est constitué par la période qui s'étend de la prise de conscience d'un diagnostic fatal jusqu'au décès de la personne.

Il s'agit d'un temps très important pour les proches et la famille de celui ou de celle qui va mourir car il permet de se préparer à ce qui va se produire.

La menace de la perte produit de l'anxiété, mais permet de se préparer au deuil qui va survenir. Le pré-deuil permet d'absorber graduellement la réalité de la perte. Il permet d'exprimer des sentiments, des émotions, il permet aussi de résoudre d'anciens conflits et de faire des plans pour le futur, parfois avec la personne qui va mourir.

Les chercheurs qui se sont penchés sur l'étude du pré-deuil y voient cinq aspects importants :

1. La prise de conscience de la réalité qui permet de réaliser que la mort de l'être aimé est inévitable.
2. La possibilité d'exprimer des émotions reliées à l'impact de cette mort que l'on sait devoir se produire à brève échéance.
3. La possibilité de se réconcilier, de se pardonner, de révéler des non-dits.
4. La possibilité de se détacher émotionnellement d'une manière progressive de la personne qui va mourir.
5. La possibilité de développer une représentation mentale de celui qui va mourir, laquelle perdurera après son départ.

En d'autres termes, le pré-deuil est un moment très important durant lequel la famille peut accompagner celui qui va mourir, en restant auprès de lui, en lui téléphonant, en lui manifestant toute l'affection possible, en participant à ses soins, en lui disant tout ce qu'on désire lui dire avant qu'il ne s'en aille, en manifestant l'amour et l'affection que l'on éprouve pour lui.

Période pré-deuil + utile qd brève après culpabilité de souhaiter la fin de l'être et (Ø accept)

Le pré-deuil est d'autant plus utile aux endeuillés qu'il ne dure pas trop longtemps. A partir d'une certaine durée, les membres de la famille peuvent souhaiter que cela se termine car ils n'arrivent plus à continuer un accompagnement intensif et, parallèlement, à honorer leurs obligations familiales ou/et professionnelles. Ils ressentent de la culpabilité lorsqu'ils réalisent qu'ils souhaitent que la mort de leur proche ne tarde pas trop.

Cette culpabilité n'a pas lieu d'être car il s'agit d'une période très difficile à vivre et qui, parfois, devient intolérable à supporter si elle dure trop longtemps.

Lorsque la personne aimée se remet d'une phase de maladie durant laquelle on croyait la perdre, l'entourage est très heureux en général. Cependant lorsque ces crises se succèdent, il arrive un moment où les proches n'arrivent plus à réinvestir leur énergie et à se ré-attacher à cette personne qu'ils ont cru perdre à plusieurs reprises et dont ils avaient commencé à se détacher. Les spécialistes nomment cette réaction des proches « le syndrome de Lazare », du nom de celui que le Christ avait ressuscitée alors que tous les proches la pleuraient.

Cette difficulté à réinvestir de l'énergie peut aussi être source de culpabilité.

Mieux la période du pré-deuil sera vécue, plus le temps du deuil pourra se vivre dans de bonnes conditions.

Tout ce qui peut permettre aux proches d'une personne qui va mourir de l'accompagner, d'être présents à son chevet, de communiquer ouvertement avec elle, de lui dire ce qu'on désirait lui dire doit être accompli. C'est une responsabilité importante pour les professionnels de la santé et pour les amis de ceux qui passent par cette période de pré-deuil.

Parfois, il s'agit d'offrir une aide pratique comme de garder les enfants ou de préparer des plats cuisinés à réchauffer, parfois, c'est d'une écoute ou d'un soutien affectif que les futurs endeuillés ont besoin.

Il arrive souvent que l'accompagnement se déroule dans de bonnes conditions et qu'au dernier moment, l'être aimé meure alors que ceux qui l'ont accompagné sont absents. Cette réalité peut causer beaucoup de culpabilité chez ceux qui restent :

« Pourquoi suis-je sorti de la chambre ? » « Je venais de rentrer chez moi lorsqu'on m'a averti qu'elle venait de mourir ! » « Je m'en veux de ne pas avoir été près de lui à ce dernier moment. »

Il est utile de savoir que cet « espace » laissé à la personne mourante était, en quelque sorte, un dernier cadeau qu'on lui faisait.

La doctoresse Kübler-Ross expliquait volontiers dans ses conférences qu'il peut être très difficile de mourir lorsqu'on est entouré d'êtres aimés qui, consciemment ou inconsciemment, cherchent à nous retenir. C'est pourquoi tant de personnes qui ont été très bien accompagnées par leurs proches rendent le dernier soupir alors que ceux-ci ont quitté la chambre, ce qui ne devrait, en aucun cas être source de regret ou de culpabilité pour eux.

pour les futurs endeuillés : aide pratique, écoute, soutien affectif

culpabilité de partir, juste avant la + de la perso mais en fait kdo pour le +. (rien ne les retient plus alors)

LE CHEMIN DU DEUIL

La mort, j'entends la mort naturelle
après une longue vie de travail et d'amour,
n'est pas une limite, une négation de la vie,
elle donne au contraire à la vie sa dimension
la plus haute, cette dimension spécifiquement
humaine : la transcendance.

Roger Garaudy

Deuil = étape de dleur et chagrin
chemin persō → à acceptat° de la +

Le deuil

Le deuil est une période de douleur et de chagrin qui suit le décès d'un être aimé.

C'est le mot latin *dolere* (souffrir) qui est à l'origine du mot « deuil ». Vivre le deuil, c'est traverser une crise importante de la vie, c'est parcourir un chemin rocailleux au terme duquel il est possible de découvrir un sens, une signification à ce qui a été vécu.

De multiples théories existent qui tentent d'expliquer ce qui se passe lors d'un deuil, de décrire le chemin à parcourir. Ces théories permettent de comprendre les comportements que peuvent adopter ceux qui vivent le deuil. Elles offrent un éclairage utile. Cependant, chaque deuil est unique, chaque deuil est vécu en fonction du type de relation que l'endeuillé avait avec la personne décédée.

A l'intérieur d'une famille, chacun va vivre le chemin d'un deuil de manière personnelle, car chaque relation entre le défunt et les divers membres de la famille s'est vécue d'une manière unique.

Ces différentes manières de parcourir le processus de deuil ne sont pas toujours admises facilement par les personnes en présence. Il faut donc savoir et accepter que le chemin du deuil est pour chacun un chemin unique.

Le chemin du deuil

Ce lent processus qu'on nomme « travail de deuil » ou « processus de deuil », c'est en fait un processus de cicatrisation.

Quelqu'un d'important nous a été enlevé, la mort de cette personne inflige à notre cœur et à notre esprit une blessure grave qui devra doucement se cicatriser.

Comme une blessure physique, cette blessure affective a besoin de soins, de beaucoup de soins.

Ce processus de cicatrisation affectif, émotionnel, social, spirituel peut se diviser en étapes qui ont été décrites très précisément par différents auteurs. Ces étapes ont une certaine utilité pour comprendre ce qui se passe effectivement au cours de ce processus. Cependant, comme le disent la plupart des scientifiques : « l'être humain est beaucoup plus complexe que toutes les théories qui le décrivent … et heureusement ».

Ainsi, personne ne parcourt toutes les étapes bien précisément l'une après l'autre.

Il y a des retours en arrière, des étapes qui peuvent être « sautées » ou vécues simultanément.

Le choc

Tout deuil commence par un état de choc. Plus le décès est brutal et inattendu, plus intense est le choc. Pour l'endeuillé, le monde s'écroule, l'inacceptable s'est produit, l'inéluctable est arrivé. Cet état de choc peut se manifester par une réaction d'effondrement, une prostration ou encore par une réaction de fuite tel que le fait de se précipiter sur les lieux où se trouvait, où se trouve encore le défunt.

Les réactions de chaque endeuillé sont uniques. Il peut y avoir des cris, des larmes : « Non, ce n'est pas vrai, ce n'est pas possible ! »

Il y a une incapacité de croire à la réalité de ce qui s'est produit.

Lorsque la mort arrive au terme d'une longue maladie ou lorsque la personne décédée était très âgée, le choc n'a pas la même intensité car les proches ont pu accomplir ce qu'on nomme le pré-deuil. Ils ont pu s'habituer à l'idée de la perte.

Cet état de choc peut inclure un déni émotionnel, c'est-à-dire, un temps durant lequel l'endeuillé sait intellectuellement ce qui est arrivé tout en ne réalisant pas encore pleinement ce que cela représente sur le plan émotionnel.

Cette étape de « mise à distance » est un moyen que la personne endeuillée se donne pour éviter d'être submergée par la puissance de ses émotions. Il ne s'agit pas d'indifférence, mais bien plutôt d'une sorte d'anesthésie émotionnelle temporaire, comme un membre physique peut être anesthésié après avoir reçu un coup violent.

La protestation et la colère

Lorsque les émotions refont surface, ce sont souvent la protestation et la colère qui submergent la personne endeuillée.

Cette colère se manifeste contre la personne décédée lors de suicide par exemple, mais en général, c'est contre ceux qui n'ont pas pu éviter le drame du point de vue de l'endeuillé comme le médecin, les soignants, les ambulanciers, la police, le conducteur ivre lors d'accidents de la route ou d'autres membres de la famille, ou même contre Dieu.

La colère peut aussi se manifester contre soi-même. On s'en veut de n'avoir pas pu faire plus pour le défunt, on s'en veut d'avoir eu une relation difficile avec lui.

La protestation et la colère sont souvent liées à l'immense impuissance que ressent l'endeuillé : « il n'y a plus rien à faire », « plus jamais » la personne aimée ne sera avec moi.

La colère est une émotion importante et utile à la cicatrisation que représente le processus de deuil.

La tristesse, le chagrin

Cette phase de chagrin est causée par la douleur de la séparation d'avec un être aimé. La disparition d'une personne importante engendre un sentiment de frustration, une impression d'être amputé, mutilé.

La notion du « jamais plus » est angoissante, insupportable. Ce qu'on nomme « la dépression du deuil » s'installe doucement. Elle comprend les ruminations, la culpabilité ainsi que le rappel de tous les souvenirs partagés avec le défunt. Elle comprend aussi la prise de conscience de la réalité : ce qui était n'est plus et ne sera plus jamais.

Les regrets augmentent la tristesse, et parfois l'angoisse d'avoir à vivre un nouveau deuil ou l'angoisse de mourir soi-même s'intensifie.

C'est à cette étape-là que l'endeuillé a le plus besoin de soutien, de l'affection de ses proches, d'écoute aimante et chaleureuse.

L'acceptation

Lorsque les émotions ont pu être exprimées, que la personne endeuillée devient capable d'accepter intellectuellement la perte, une acceptation plus globale peut avoir lieu.

Il y a reprise de contact avec la réalité, l'endeuillé peut évoquer la mémoire du défunt sans s'effondrer, il peut regarder des photos, retourner dans des lieux où il se rendait avec le défunt sans que la souffrance affective ne soit trop grande.

Cette étape est parfois nommée « fin du travail de deuil ». Ce terme « fin » fait souvent problème car pour l'endeuillé, la personne décédée manquera toujours, une nostalgie de « ce qui était et ne sera plus » continue à être ressentie et elle n'aura pas de fin.

La fin du travail de deuil signifie simplement que l'endeuillé est à nouveau disponible pour s'investir dans de nouveaux attachements, qu'il s'agisse d'attachements à des personnes, ou à des buts, qu'il est à nouveau capable de trouver du plaisir dans la vie.

Cet investissement ne signifie pas du tout que la relation au défunt est interrompue. Simplement, cette relation évolue, le défunt est devenu une réalité intérieure, il est présent en nous à un niveau spirituel et non plus à côté de nous sur un plan physique.

Les nouveaux attachements

La capacité de s'attacher à nouveau permet de réinvestir son énergie dans de nouveaux projets ou dans de nouvelles relations. Parfois ce sont des relations déjà existantes qui se modifient, on devient plus proche d'un membre de la famille ou d'un ami déjà connu.

Ces attachements nouveaux n'ont pas toujours la même intensité que celui qui existait et qui n'est plus, cependant, ils constituent un élément important de la guérison émotionnelle.

C'est lorsque ces nouveaux attachements se créent que l'endeuillé peut pardonner s'il y a lieu, à celui qui est décédé. Il peut lui pardonner d'être parti sans dire au revoir, de s'être donné la mort ou de n'avoir pas pris soin de sa santé.

Pouvoir pardonner à celui qui est mort permet de lâcher le ressentiment et de retrouver l'énergie immobilisée dans la rancune.

Il est important aussi de pouvoir se pardonner à soi-même. En effet dans toute mort d'un proche, il y a des raisons de s'en vouloir : « J'aurais dû passer plus de temps avec lui ou avec elle ! » « Pourquoi ne suis-je pas resté à l'hôpital durant cette dernière nuit ? » « Je ne lui ai pas assez donné de temps. » « Je ne lui ai pas assez dit que je l'aimais. » Les raisons sont nombreuses de se juger et de regretter un aspect ou un autre de son comportement.

S'en vouloir, se sentir coupable par rapport à une personne décédée, c'est un moyen inconscient d'être encore lié à elle. Se pardonner à soi-même, c'est lâcher prise, c'est s'accepter comme un être humain, donc imparfait, c'est accepter la réalité telle qu'elle est et non telle qu'on la voudrait.

Trouver un sens à ce qui s'est produit

L'absurde est difficile à vivre et dans chaque événement l'être humain cherche à découvrir un sens, une signification.

Dû à un sens à part = étape maturation, de croissance, approfd. de ses croyances, foi -

Dans le deuil, particulièrement, ceux qui restent cherchent à trouver un sens.

Un père de famille dont le fils de 18 ans était mort accidentellement nous racontait comment il avait pris conscience, à travers cet événement, du fait qu'il s'était trompé de priorités. Tout occupé à gravir les échelons hiérarchiques de la compagnie multinationale dans laquelle il travaillait, il avait sacrifié sa vie de famille à son travail et lors du décès de son fils, en lisant certains textes que ce dernier avait écrits, il avait pris conscience du fait qu'il ne connaissait pas son enfant, qu'il n'avait que rarement passé du temps avec lui et qu'ils n'avaient jamais vraiment communiqué en profondeur.

Réalisant tout ce qu'il avait perdu, il décida de modifier ses priorités et d'accorder plus de temps à sa famille, même si cela devait lui coûter un poste important qu'il briguait. Ce père disait : « Mon fils aîné n'est pas mort en vain, grâce à lui, ses frères et sœurs auront un père qui s'intéressera à eux. »

Le fait de trouver un sens à ce qui s'est produit permet de faire d'une épreuve une occasion de croissance, de maturation et peut-être, d'approfondissement de sa foi.

Chacun vit cette étape en accord avec ses convictions personnelles, avec la particularité de son cheminement.

La longueur du processus de deuil

Lorsqu'on est souffrant, qu'on vit intensément le chemin du deuil, on voudrait savoir combien de temps ce trajet va prendre. Savoir que l'on peut sortir du tunnel, voilà qui est essentiel, mais de quelle longueur est-il ?

Là encore, il faut se garder de donner des indications précises qui ne peuvent qu'induire en erreur.

Tant de facteurs influencent le processus de deuil :

– Qui était le défunt ?
– Quelles relations avait-on avec lui ?
– Quel rôle jouait-il dans la famille ?

– Quel âge avait-il ?
– De quoi est-il mort ?
– Comment a-t-on pu l'accompagner ?
– Comment a-t-il vécu sa fin de vie ?
– Dans quelle situation matérielle laisse-t-il ses proches ?
– De quelles ressources personnelles, psychologiques, sociales, spirituelles les survivants disposent-ils ?
– Quels rites ont pu être accomplis ?

La réponse à toutes ces questions influence clairement la durée du processus de deuil. Malgré cela, il est généralement admis qu'une période de deux ans au moins est nécessaire pour effectuer le travail de deuil. Le premier Noël, le premier anniversaire du décès sont des moments très difficiles. Les endeuillés apprennent à trouver des ressources pour vivre ces moments et la deuxième année, alors que la ronde des saisons se répète, de nombreux endeuillés ont découvert des moyens de mieux vivre ces périodes pénibles et la cicatrisation est en bonne voie.

Lorsqu'une personne a été malade longtemps, que toute la famille a pu se préparer au décès, un grand travail de lâcher prise a déjà eu lieu durant cette période.

Certains chercheurs dans le domaine du deuil soulignent que le troisième mois après le décès est particulièrement pénible à vivre car les émotions ne sont plus anesthésiées et l'on mesure l'importance de la perte.

L'anniversaire de la mort de l'être aimé est un moment que les proches n'oublient pas. Un an s'est écoulé, les endeuillés réalisent qu'ils ont survécu, mais que la peine est encore bien présente.

Cette date charnière est importante, il est utile de lui donner un contenu particulier.

On peut prendre congé ce jour-là et aller au cimetière, ou faire dire une messe à l'intention du défunt ou aller dans une église et prier pour le défunt et pour recevoir la force de continuer.

On peut aussi réunir la famille pour un repas ensemble.

Les enfants comme les adultes ont besoin de signes concrets de ce passage du temps depuis le décès de l'être aimé.

Le 18e mois après le décès peut aussi être douloureux. Les pensées des endeuillés peuvent être dominées par le défunt. Cet épisode particulier ne dure pas très longtemps et il ne signifie pas une régression sur le chemin du deuil, ce chemin escarpé et rocailleux que l'on n'a pas d'autre choix que de parcourir sur toute sa distance.

Importance de dô 1 durée au décès de l'être => des anniversaires de + (repas . messe ..)

↳ travail deuil = 2 ans

=> permet de se rdre cpte que l'on est capable surmonter les épreuves sans peine [illegible] (à degré moindre qu'au moment de la perte)

LE DEUIL APRÈS UNE MORT BRUTALE

Tu ne peux pas empêcher
l'oiseau du malheur de voler
au-dessus de ta tête
mais tu peux l'empêcher
de faire son nid dans tes cheveux.

Proverbe chinois

Mort Brutale = Ø travail pré-deuil + soudaineté
phase choc +++ => maladie, capuo, peur
colère tristesse - culpabilité (croyce ...)

Dans la mort brutale, il n'y a pas de possibilité de prédeuil.

Lorsque le téléphone sonne ou que la police frappe à la porte, tout est terminé. L'être aimé est mort. L'irrémédiable s'est produit.

Même lorsqu'on est une personne « forte et équilibrée », des réactions émotionnelles intenses se produisent.

Les causes d'une mort brutale sont nombreuses : suicide, accident, infarctus... Ce qui représente le point commun de tous ces décès, c'est la soudaineté avec laquelle ils se produisent et l'absence totale de préparation. « Un coup de tonnerre dans le ciel bleu », voilà une expression souvent employée par les endeuillés dans cette situation.

La phase de choc est particulièrement importante dans le deuil après une mort brutale. La maman d'un enfant de quatre ans décédé lors d'un accident décrivait son vécu de la manière suivante :

« Je ne comprenais pas ce qu'on me disait, les infirmières me regardaient avec sympathie. Je ne voulais pas entendre, pas penser.

« Les mots que l'on me disait semblaient suspendus en l'air, je tentais de leur donner sens. Des mots comme "mort", "autopsie" flottaient autour de moi. Je ne voulais pas les laisser pénétrer en moi. »

Le traumatisme de la mort brutale d'un proche peut rendre physiquement malade. La confusion, la peur, la colère, la tristesse, toutes ces émotions fortes peuvent « couper l'appétit » et empêcher le sommeil et, de ce fait, rendre la personne vulnérable à la maladie. Il est indispensable d'avoir du soutien dans cette grande épreuve, de pouvoir en parler, de pouvoir exprimer ses émotions avec des amis sûrs et capables d'écoute. Une visite au médecin de famille peut aussi être une aide.

Lors de mort brutale, l'émotion de la colère peut être extrêmement forte. Une mère dont le fils avait été assassiné disait :

« Ma colère était terrible. J'étais en colère contre Dieu, contre l'assassin de mon fils. Je haïssais tout et tout le monde ; c'était terrible ! Je sentais ces émotions destructives monter en moi et m'habiter pour des jours entiers. »

Dans la situation de mort brutale, plus encore que dans les autres morts, la culpabilité peut se faire sentir. Cela commence par l'expression : « Si seulement… »

Cette culpabilité prend sa source dans des croyances erronées que nous avons incorporées en nous, telles que, par exemple : « Si j'avais été une meilleure personne, ce ne serait pas arrivé. » « Ce n'est pas juste que cet être aimé meure et que moi je continue à vivre. » « Les gens qui s'aiment sont responsables l'un de l'autre et j'aurais dû le/la protéger. » Ou encore on peut se sentir coupable si l'on croit à ce vieux et *faux* proverbe : « De bonnes choses arrivent à ceux qui sont bons et de mauvaises choses à ceux qui sont mauvais. » Autrement dit : « On n'a que ce qu'on mérite. »

Que de ravages dus à ces croyances erronées !

Dans le cas de morts brutales le processus de deuil se poursuit avec ses hauts et ses bas.

La mère d'un jeune homme tué dans un accident écrivait ce qui suit 18 mois après le décès :

« Parfois, je me sens bien. Puis, à l'évocation de mon fils, ou parce que je lis quelque chose qui me rappelle mon chagrin, je me retrouve en pleine tristesse. Je ne pleure pas autant qu'au début, mais je ne ris pas autant qu'avant l'accident. Une partie de moi ne reviendra pas et pourtant je voudrais me sentir entière à nouveau. »

Cette mère écrivait 3 ans plus tard :

« Je me sens presque invincible. J'ai survécu à la pire des choses qui puisse se produire. Tous les autres problèmes ne sont rien en comparaison de celui-ci. Si j'ai pu survivre à cela, je peux survivre à n'importe quoi d'autre ! »

Ce qui est particulièrement douloureux dans les morts brutales, ce sont les démarches administratives. Il arrive fréquemment que les proches ne puissent pas se recueillir autour de l'être aimé défunt pour plusieurs jours parce qu'une autopsie est indispensable, ou parce qu'on n'a pas encore retrouvé le corps ou que celui-ci est méconnaissable.

Cette épreuve surajoutée semble insupportable à la famille.

Pour adoucir, si c'est possible, ces moments tragiques, de gros efforts de formation sont faits actuellement pour que les policiers, employés des instituts de médecine légale et des entreprises de pompes funèbres développent des capacités d'empathie, de respect et d'acceptation inconditionnelle vis-à-vis des familles éplorées.

Malgré tout, l'épreuve d'une mort brutale peut plonger les proches dans le désespoir le plus profond, tout particulièrement lorsque la mort est due à un assassin, un chauffard ivre ou un conducteur immature qui roulait trop vite.

Le pasteur méthodiste Théodore Loder avait eu un entretien avec l'auteur juif Elie Wiesel et il écrivait :

« Récemment je demandais à Elie Wiesel comment surmonter le désespoir. Nous avions abordé le sujet du désespoir et de la relation à Dieu, d'où ma question. Cet homme, qui, plus que la plupart, avait connu des raisons de désespérer, lui qui avait perdu toute sa famille en camp de concentration et qui lui-même avait tout juste pu survivre, me regarda avec ses yeux bruns profonds, ces yeux qui avaient vu l'abîme et il dit :

« "Vous voulez savoir comment surmonter le désespoir ? Je vais vous le dire : en aidant les autres à surmonter le leur."

Il se tut et sourit d'un pâle sourire. Je réalisai la vérité de son propos parce que je ressentais moins de désespoir en ce moment précis parce que lui et moi avions parlé ensemble, partagé nos luttes. »

(texte traduit en français et tiré de l'ouvrage : *No time for Goodbyes* de Janice Harris Lord Pathfinder Publishing, California 1991.)

QUAND LE DEUIL TOUCHE L'ENFANT

Tout le monde sait,
l'enfant sait et sait que les autres savent.
Les adultes savent et savent que l'enfant sait
et pourtant rien ne se dit.

Pierre Compagnon

Deuil = réac n^ale à perte, rien perso, accpger, écouter, respect rythme acceptat° + et d'aborder la + sans jugt

L'enfant en deuil

L'enfant comme l'adulte est confronté à des pertes, des deuils, des séparations. Être en deuil lorsqu'on est encore petit représente une grande épreuve dont on ne peut pas mesurer les effets à long terme.

Avant d'aller plus loin et de tenter de comprendre la réalité du deuil aux différents âges, il est important de poser six principes de base qui permettent de situer le problème du deuil dans la vie de l'enfant.

1. Le deuil est une réaction normale suite à toute perte. Lorsqu'une personne meurt, ses proches passent par le deuil. Ceci est vrai pour tout être humain de sa naissance à sa mort. Cette réaction de deuil varie en intensité et dans ses manifestations d'une personne à l'autre.

2. Chaque adulte vit son deuil d'une manière unique, chaque enfant vit son deuil à sa manière. De nombreuses théories ont été élaborées pour expliquer le chemin du deuil. Cependant, aucun livre, aucun article ne peut prédire comment un deuil se déroulera. L'important consiste à accompagner, à écouter et à apprendre de l'endeuillé comment il veut ou peut vivre cette épreuve.

3. Il n'existe pas de bonne ou de mauvaise manière de faire le deuil. Simplement, certains comportements sont plus appropriés que d'autres, certaines manières d'être sont plus constructives, à moyen et long terme que d'autres.

Les enfants en deuil reçoivent beaucoup de conseils à propos de ce qu'ils devraient dire, faire, ressentir après la mort d'un proche. Ce dont ils ont encore beaucoup plus besoin, c'est d'une écoute sans jugement qui leur permette de voir les différentes options qui s'offrent à eux.

4. Chaque décès est différent et sera vécu d'une manière différente.

Les enfants vivront différemment la mort d'un parent, d'un grand-parent, d'un frère ou d'une sœur ou d'un ami de leur âge mais il est inutile de faire une gradation entre les différents deuils. On ne peut jamais prévoir ce qui est plus facile ou plus difficile. Chaque membre de la famille vit son deuil de manière différente : certains veulent parler du deuil, d'autres pleurent sans cesse et certains s'enferment dans leur chambre.

Cela peut causer des frictions dans la famille. En fait, chacun devrait être respecté dans la manière qu'il adopte de faire face au deuil qui le frappe.

5. Le processus de deuil est influencé par de multiples aspects.

Parmi ces aspects, citons le système de soutien disponible. La famille est-elle présente, les membres de cette famille sont-ils proches les uns des autres, s'entendent-ils bien ? Y a-t-il une communauté sur laquelle compter ? Des amis proches ? La manière dont la mort s'est produite joue aussi un rôle, la qualité de la relation entre celui qui est décédé et ceux qui restent, ainsi que l'âge et le degré de maturité de l'endeuillé.

6. Le chagrin n'a pas de fin, on ne peut pas oublier.

Trop souvent on encourage les endeuillés et particulièrement les enfants en deuil à avancer vers de nouveaux attachements, à dépasser leur chagrin. En réalité, lorsqu'un être aimé meurt, la vie n'est plus *jamais* la même pour ceux qui restent. Cela ne veut pas dire qu'ils seront tristes à tout jamais, ou qu'ils ne seront pas capables de transformer cette épreuve en expérience de croissance, cela veut simplement dire que la douleur du deuil peut se réveiller n'importe quand, lorsque la mort de leur proche sera évoquée. Il n'existe pas de moment magique où la douleur du deuil disparaît.

Les particularités du deuil des enfants

Le stade de développement de l'enfant va lui permettre de comprendre la mort et de vivre le deuil de manière très différente à 5 ans ou 15 ans. A chaque moment de son développement, l'enfant devra renégocier l'impact de la mort d'un proche. C'est-à-dire, par exemple, que lorsqu'un enfant perd sa mère à 5 ans, il comprend son deuil d'une certaine manière mais à 11 ans ou à 14 ans, il le comprendra d'une manière tout à fait différente car il devra vivre de nouvelles expériences de vie, privé de la présence de sa mère.

• L'enfant vit son deuil physiquement aussi bien qu'émotionnellement.

Il n'est pas rare que l'enfant manifeste des symptômes physiques après un deuil, par exemple : une très grande fatigue, de l'insomnie, une perte d'appétit, des maux de ventre, des tremblements.

Tous ces symptômes sont « normaux », cependant, lorsqu'ils perdurent et que l'enfant ne peut plus fonctionner normalement, il est utile de faire appel à un professionnel.

De toute manière, l'enfant en deuil va manifester un état dépressif avec chagrin, tristesse, moins de jeux, puis parfois une instabilité d'humeur, de la tension, de l'anxiété. Il peut aussi y avoir de l'irritabilité, des colères, des caprices et parfois un fléchissement des résultats scolaires.

• Certains enfants semblent ne pas être affectés par le décès d'un proche.

Ils ne réagissent pas et continuent à vivre leur vie comme si de rien n'était.

Il est important de savoir que ce que l'on observe de l'extérieur ne reflète absolument pas ce qu'ils vivent et ressentent à l'intérieur. Ces enfants n'arrivent pas à préciser ce qu'ils ressentent lorsqu'on les interroge et parfois ils sont comme anesthésiés émotionnellement pendant un certain temps.

• Le jeu peut être un moyen pour l'enfant d'extérioriser son chagrin. Lorsqu'il est trop petit pour les verbaliser, ses émotions apparaissent à travers ses jeux. Il dessine, peint, joue avec des marionnettes ou des poupées, construit des châteaux de sable et trouve ainsi un exutoire pour son expérience intérieure.

Il arrive aussi que ce soit à travers un comportement agressif, comme le fait de se bagarrer avec ses camarades d'école, de pousser, de mordre, de griffer que l'enfant en deuil manifeste l'intensité de sa peine.

Parfois, l'enfant s'auto-mutile, c'est-à-dire, qu'il se fait mal à lui-même pour détourner sa douleur ou pour attirer sur lui une attention dont il a besoin.

• Parce que l'enfant a, beaucoup plus que l'adulte, la capacité de vivre dans l'instant présent, il a tendance plus rapidement à entrer et sortir de la tristesse du deuil. On peut l'entendre rire à gorge déployée en regardant un film amusant oubliant temporairement son chagrin.

Par contre, lorsqu'il est triste, il l'est complètement. Ainsi, il peut passer du rire aux larmes et vice-versa en l'espace, parfois, de quelques minutes.

• De nombreux enfants en deuil ont des difficultés à se concentrer après la perte d'une personne importante pour eux. Ils sont physiquement assis à leur pupitre dans la salle de classe, mais leur esprit, leur imagination vagabonde à travers les événements marquants qu'ils viennent de vivre. Ces enfants-là ont parfois des résultats scolaires qui diminuent durant les mois qui suivent le décès d'une personne significative pour eux.

D'autres, au contraire, s'investissent massivement dans le travail scolaire pour tenter d'oublier ou pour être approuvés.

Aider et soutenir l'enfant en deuil

Chaque enfant réagit à la situation de deuil en fonction de son âge et de son degré de développement. Parfois les parents pensent que l'enfant est trop petit pour comprendre et ils ne l'informent pas. Cependant, le petit enfant ressent profondément que les adultes qui l'entourent sont différents, qu'il se passe quelque chose d'important.

On pense parfois « protéger » l'enfant en le maintenant en dehors des événements qui surviennent. En réalité, ce comportement des adultes fait augmenter l'angoisse de l'enfant. Françoise Dolto, la célèbre psychiatre d'enfants, recommandait de parler même aux tout petits bébés et de leur dire ce qui était arrivé avec des mots simples. « Tu vois mon chéri, ma maman vient de mourir, et je suis terriblement triste et en même temps, je suis contente que tu sois avec moi. »

En général, un enfant comprend toujours plus que ce que son entourage l'imagine. Cependant, il a besoin d'entendre de la bouche de ses parents ou de ceux qui sont les plus proches de lui ce qui est en train de se passer. Il a besoin de se sentir inclus. L'enfant a besoin d'avoir des explications claires et honnêtes à propos de la mort de ses proches. Même s'il ne peut pas encore concevoir la dimension définitive de la mort, il a besoin d'explications, qu'il faudra bien souvent répéter.

L'enfant d'âge scolaire, 6 à 12 ans environ, a besoin de beaucoup de support et de réassurance lors de la perte d'un proche. Il peut arriver qu'il croie avoir causé la mort de ce proche par ses pensées. Un garçonnet de 7 ans qui avait été puni par son père et enfermé dans sa chambre avait crié à son père: « J'aimerais que tu meures. » Le soir de cette même journée son père s'était tué en moto. Cet enfant avait ressenti une culpabilité extrême et avait eu besoin de l'aide d'un professionnel pour se sentir mieux.

Des situations de ce genre sont heureusement rares mais il arrive fréquemment qu'une pensée traverse l'esprit de l'enfant surtout lors de disputes ou de punitions. Si ensuite l'adulte incriminé meurt, l'enfant va ressentir de la culpabilité car, vers 6, 7, 8 ans, il croit encore au pouvoir magique de ses pensées.

L'enfant d'âge scolaire a besoin de sécurité après la mort d'un proche et c'est surtout au moment du coucher que l'enfant va faire des demandes particulières :

– rester debout plus longtemps
– dormir avec le ou les parents
– laisser la lumière
– dormir avec un frère ou une sœur.

Il arrive que l'enfant se réveille à plusieurs reprises, ait des cauchemars ou des terreurs nocturnes.

Idéalement, il vaut mieux que l'enfant dorme dans son lit, avec la lumière, ou avec sa peluche préférée. On peut rester avec lui plus longtemps, lui raconter de belles histoires, l'écouter, mais éviter de créer une dépendance en lui permettant de dormir dans le lit de ses parents.

Quand l'enfant atteint 11, 12 ans, quand il aborde l'adolescence, il vit une période difficile de sa vie. Il essaie de devenir indépendant tout en ayant encore besoin d'être dépendant, il veut être comme les autres et pour lui le groupe compte beaucoup. Il rejette l'autorité et a besoin d'un cadre. Surtout, l'adolescent se croit immortel. C'est pourquoi, lorsque la mort le confronte et qu'un être aimé meurt, il est tout particulièrement touché. Il a de la peine à communiquer ce qu'il ressent et souvent refuse de communiquer avec ses proches, il lui arrive de faire l'école buissonnière, de ne plus faire ses devoirs scolaires, de s'adonner à l'alcool ou à la drogue. Parfois, l'entourage se demande si le comportement de l'adolescent est en relation avec le deuil ou avec la crise d'adolescence. Ce n'est pas toujours facile à déterminer. Néanmoins, il faut savoir que le deuil est particulièrement difficile à vivre pour l'adolescent, qu'il a besoin d'écoute, de disponibilité, de compréhension.

Aider et soutenir l'enfant en deuil, c'est l'aider à croître à travers l'épreuve qui est la sienne. Au travers de toutes les expériences faites et toutes les recherches menées pour tenter de mieux accomplir cette tâche, il est possible d'identifier quelques points essentiels :

1. Il est indispensable d'informer l'enfant en termes simples et clairs adaptés à son niveau de compréhension.

2. Une écoute attentive et sans jugement est très bénéfique, une écoute sans conseils ou solutions, une écoute entièrement disponible.

3. Offrir de l'attention et un regard positif à l'enfant en deuil. Lui offrir une présence, une acceptation de sa douleur et de sa confusion, de ses émotions quelles qu'elles soient. Dire à l'enfant qu'on est concerné par lui.

4. Encourager l'expression des émotions en les nommant pour l'enfant et en soulignant combien elles sont normales et utiles. « Je vois que tu es triste en ce moment parce que tu voudrais être avec ta grand-maman. » Il est très utile pour l'enfant de savoir que les émotions ne sont ni bonnes ni mauvaises, elles sont simplement un signe de ce qui se passe à l'intérieur de chaque personne. Ces signes changent d'un moment à l'autre, d'un jour à l'autre, et nous pouvons souvent faire quelque chose pour que les émotions changent.

5. Lors d'un deuil, on peut avoir envie de renoncer à poser des limites à l'enfant lorsque son comportement n'est pas adéquat. Il faut savoir que cela augmente l'anxiété de l'enfant. Maintenir les règles habituelles, maintenir les routines instaurées dans la famille, telles que l'heure du coucher, les règles de politesse, les activités religieuses, culturelles ou sportives, contribuent à rassurer l'enfant. Les rappels à l'ordre peuvent être donnés avec beaucoup de bienveillance, mais ils sont indispensables, la structure doit être maintenue.

6. On peut aider l'enfant en deuil en lui racontant ou en lui lisant des histoires qui démontrent comment les

animaux ou les humains retrouvent l'espoir après un deuil. Il existe d'excellents ouvrages comme « Au revoir Blaireau » pour les tout-petits ou « Leila » pour les enfants d'âge scolaire (voir bibliographie). Encourager l'enfant à peindre, à dessiner, à modeler et parfois le faire avec lui, puis l'écouter alors qu'il commente son dessin ou sa peinture favorise l'expression de son ressenti.

L'histoire de chenillette par exemple dont nous ne connaissons pas l'origine est très appréciée des enfants, la voici :

Chenillette, la petite chenille

Écoutez l'histoire merveilleuse de Chenillette, la petite chenille. Chenillette était une toute petite chenille verte qui vivait tranquille au pays des chenilles. Elle habitait sous une laitue avec son papa chenille, sa maman chenille, et sa vieille mamie chenille. Chenillette était très contente.

Un jour, elle s'aperçut que mamie chenille avait disparu. Maman et papa chenille lui expliquèrent alors que mamie était partie au cocon, c'est-à-dire qu'elle s'était enroulée dans des fils tout blancs et qu'après quelque temps, il ne restait plus rien. Chenillette était très triste parce qu'elle ne pourrait plus voir sa mamie.

Ses parents lui expliquèrent que la vie était comme ça et que toute chenille devait aller au cocon un jour. Chenillette se mit à pleurer : « C'est trop injuste ! Je ne veux pas ! Je ne veux pas ! » Et Chenillette s'enfuit du plus vite qu'elle pouvait.

Chenillette alla se cacher dans un buisson épais au fond du jardin. Ce buisson était sombre et plein d'épines. Chenillette décida d'y rester tout le temps.

Soudain, elle entendit une voix qui l'appelait : « Chenillette, petite chenille ! » Elle ne voyait pourtant personne. Mais la voix l'appela à nouveau : « Chenillette ! Je suis là ! » Et Chenillette vit une rose, très belle, très grande, qui semblait la regarder.

La rose dit: « Chenillette, pourquoi pleures-tu? » Et Chenillette raconta tout; la disparition de mamie et cette horrible histoire de cocon. Elle se remit à pleurer.

La rose lui dit: « Chenillette, tu me plais. Je vais te confier un grand secret, les chenilles qui entrent dans un cocon ne meurent pas, elles se transforment. » Alors, la rose dit à Chenillette: « Ferme tes yeux. » Chenillette ferma les yeux. « Fais silence dans ton cœur. » Chenillette essaya. Elle ne voyait rien, c'était tout noir…

Mais, peu à peu, elle vit une lueur comme une minuscule tache de couleur, puis une autre, et une autre encore. Et les couleurs s'assemblaient pour former de grands dessins merveilleux comme on en voit sur les ailes des papillons!

« Voilà ce que deviennent les chenilles » dit la rose. Puis elle disparut. Chenillette était éblouie par cette découverte. Elle courut retrouver ses parents pour leur raconter son histoire. Mais Chenillette s'aperçut que personne ne la croyait vraiment. Il faut dire que les chenilles ont de si petits yeux qu'elles ne peuvent pas voir les papillons. Et je crois que, même si elles les voyaient, elles auraient beaucoup de mal à croire qu'ils ont été des chenilles avant.

Chenillette vécut encore de longues années et, un jour, elle sut que son tour était venu. Elle fabriqua le fil qui allait s'enrouler pour faire un doux cocon où elle s'endormirait. Mais elle n'avait plus peur.

Voilà l'histoire merveilleuse de Chenillette. Et voulez-vous savoir qui me l'a racontée? Mais, un papillon, bien sûr!

7. L'enfant en deuil peut aussi être encouragé à se souvenir et à commémorer la personne décédée. On peut encourager l'enfant à créer un livre souvenir avec des dessins, des photos, des récits, ou à faire une « boîte souvenir » dans laquelle il met ses « trésors » liés à la personne décédée, on peut l'inviter à planter un arbre, à aller au cimetière et surtout il est extrêmement important de l'inviter à toutes les cérémonies qui ont lieu en l'honneur du défunt: service funèbre, messe du souvenir, repas de famille.

importce commémorati, souvenirs défunt.

Comment parler de la mort d'un proche à un enfant

C'est si difficile d'annoncer la mort d'un proche ! Dans les hôpitaux, les médecins et le personnel soignant reçoivent souvent une formation spécifique pour être capables de le faire avec tact et compassion. Annoncer à un enfant la mort d'une personne qu'il aime, c'est encore beaucoup plus complexe car la première réaction des proches est de vouloir protéger l'enfant de la souffrance. C'est ce qui amène certains parents à cacher un deuil à leurs enfants le plus longtemps possible.

La réalité, c'est que, lorsqu'on cache une partie de l'information à l'enfant, il apprendra tôt ou tard les détails par la bande et ce sera encore plus pénible pour lui de ne pas avoir été mis au courant par les membres de sa famille.

Les spécialistes qui travaillent avec des enfants endeuillés de par le monde s'accordent pour affirmer ce qui suit :

Les enfants et les adolescents ont besoin de connaître :

la vérité
toute la vérité
rien que la vérité
dite
aussitôt que possible
par quelqu'un qu'ils aiment
et en qui ils ont confiance
dans un endroit familier.

Trouver les mots adéquats

Plus le langage est simple et clair, mieux c'est. Pourtant, la vérité est si difficile à dire qu'on utilise des euphémismes :

« Il nous a quittés. »
« Dieu l'a rappelé à lui. »

« Nous avons perdu grand-papa. »
« Ta petite sœur est partie avec les anges. »
« Jésus est venu chercher grand-maman. »

Toutes ces manières d'annoncer le décès d'un proche prêtent à confusion.

« Si grand-papa est perdu, il faut appeler la police pour le chercher. »

« Si papa nous a quittés, c'est qu'il ne nous aimait pas. »

« Si Jésus vient chercher les gens, je veux que tu fermes très fort les volets de la maison, comme ça, il ne pourra pas venir chercher quelqu'un d'autre. »

« Si ma petite sœur est partie avec les anges, moi je veux aussi aller avec elle. »

Il est mort, elle est morte. Son cœur s'est arrêté. On peut évoquer l'exemple d'un animal qui est mort et que l'enfant a pu voir, pour expliquer la mort. Les petits enfants ont besoin d'entendre que la personne ne reviendra pas. Souvent, ils reposeront la question et auront besoin d'entendre la réponse car ils apprennent par répétition.

Il est utile aussi de dire où est le corps de la personne et ce qu'on va en faire, et toutes les fois que c'est adéquat inviter l'enfant à voir le corps en étant accompagné par un adulte en qui il a confiance.

Les adultes peuvent être soucieux à l'idée de faire voir le corps d'une personne décédée à un enfant. Ils se demandent si l'enfant ne va pas être traumatisé par l'image qu'il gardera de la personne décédée, surtout si cette personne est défigurée.

L'expérience démontre que l'enfant a tellement d'imagination qu'il se représentera le corps d'une manière encore plus effrayante que la réalité. Voir le corps aide à intégrer l'idée que la personne est bien morte.

Lorsque l'enfant décide de voir le corps, il est nécessaire de le préparer en lui parlant :

– de l'immobilité du corps

– du fait que ce corps est froid
– que lorsqu'il verra le corps de cette personne, cette dernière ne pourra ni voir, ni parler
– qu'il y aura (peut-être) des marques de l'accident ou de la maladie
– que la personne sera peut-être différente de ce qu'elle était la dernière fois qu'il l'a vue.

Il est presque toujours possible d'arranger le corps de manière à ce que les mains soient visibles et/ou une partie du visage.

Un garçon de 10 ans, à qui on n'avait pas permis de voir le corps de son père, disait à son institutrice :

« Ils auraient dû me permettre de voir le corps de mon papa. Ils avaient peur que ce soit trop dur pour moi, mais moi je me demande encore qu'est-ce qu'il y avait dans ce cercueil, comment était mon papa, je n'arrive pas à le voir mort et je rêve toutes les nuits qu'il est encore vivant. »

Il ne faut, bien sûr, jamais forcer un enfant à voir une personne décédée, ni à toucher le corps, ni à l'embrasser.

Ce qui peut sécuriser l'enfant lorsqu'on lui annonce un décès, c'est de lui indiquer qui va s'occuper de lui, qui sera présent à ses côtés et qui va continuer à l'aimer.

La réalité d'un deuil est si difficile à intégrer pour l'enfant qu'il aura besoin qu'on lui répète l'information chaque fois qu'il posera la question.

De même, il est utile de poser plusieurs fois la question à l'enfant car il a le droit de changer d'idée. Par exemple, s'il décide de refuser d'aller voir le corps de la personne décédée, on peut lui reposer la question sans insister à plusieurs reprises pour lui donner l'occasion de changer d'idée s'il y a lieu : « Hier, tu m'as dit que tu ne voulais pas venir à la morgue avec moi, j'ai décidé d'y retourner cet après-midi. Si jamais tu as envie de changer d'idée, je pars à 15 h et tu peux venir avec moi si tu veux. »

Ce qu'il faut éviter quand on parle d'une personne décédée à un enfant

Ne lui dites pas que vous savez ce qu'il ressent.

Toutes les morts sont différentes, toutes les relations sont différentes, tous les enfants sont des personnes uniques vivant leur deuil d'une manière qui leur est propre. Même lorsqu'une personne a vécu le même type de deuil : perdre un parent, un frère, une sœur, ce n'était jamais exactement la même chose.

Ce qui est utile, c'est de poser la question : « Dis-moi comment c'est pour toi. Je suis là pour t'écouter. »

Ne lui dites pas ce qu'il faut faire, sauf s'il vous demande votre avis.

La plupart des enfants et surtout les adolescents ne veulent pas de conseils, par contre, parfois, ils aimeraient connaître les options possibles.

Évitez de dire des banalités.

« Tu as eu de la chance que ta mère ne soit pas avec ton père lorsqu'il a eu son accident. » Ou encore : « D'ici un an ou deux, tu iras beaucoup mieux ! »

Évitez des phrases telles que :

« Il faudra être très gentil avec ta maman maintenant, c'est toi qui es l'homme de la maison. »

En ce qui concerne ce qui doit être dit à l'enfant, on pourrait résumer en soulignant quatre aspects :

1. Dire la vérité avec compassion, que la personne aimée est morte, de quelle manière elle est morte.
2. Dire aux enfants qu'ils ne sont pas responsables de la mort de leur proche. Rien de ce qu'ils ont pu dire, penser ou faire n'a entraîné cette mort.
3. Rassurer l'enfant sur son avenir, lui dire concrètement ce qui va se passer pour lui.
4. Finalement, dire à l'enfant que la personne aimée qui vient de mourir ne sera pas oubliée.

Tant d'enfants ont été privés de leur enfance, parce qu'à partir d'un deuil dans leur famille, ils ont dû devenir de petits adultes chargés de prendre soin du parent restant ou de leurs frères et sœurs.

De nombreux adultes se sentent gauches et incapables de trouver les mots justes pour s'adresser à un endeuillé et d'autant plus lorsqu'il s'agit d'un enfant.

En réalité, l'essentiel consiste à être présent, disponible, plein de sollicitude, capable d'écoute attentive.

PERDRE UN ENFANT

Un an seulement, un an déjà, et tu es si loin !
Je traverse un désert, je suis comme égarée,
Et ni morts ni vivants ne me montrent la route.

La mort a tout remis en question et a tout balayé.
Les souvenirs sont des gouttes de sang qui s'échappent
De mon cœur et me laissent exsangue, sans force,
et pourtant…

Mado Maurin

Les parents en deuil d'un enfant

« Enterrer un enfant, c'est voir disparaître sous terre une partie de nous-mêmes, la couleur de nos yeux, nos fossettes, notre sens de l'humour. C'est l'expérience la plus terrible qui se puisse imaginer et c'est pourquoi c'est la plus terrible à vivre. »

C'est ainsi qu'Harriet Sarnoff Schiff décrit le deuil de son enfant dans son ouvrage *Parent en deuil.*

La mort d'un enfant était un fait courant au XIXᵉ siècle, malgré cela, même lorsque la mortalité infantile était élevée, le deuil des parents était déjà une situation vécue tragiquement. Aujourd'hui, grâce aux progrès de la médecine, un enfant ne meurt plus d'appendicite ni de pneumonie. Les parents s'attendent à ce que leurs enfants leur survivent. Et lorsque le décès inattendu se produit, ils sont terrassés par ce qui leur arrive.

Pour les parents, la perte d'un enfant n'est comparable à aucune autre à cause de l'investissement d'aspects d'eux-mêmes dans cet enfant. Il s'agit d'un deuil qui dure toute la vie et qui exige d'être intégré dans toutes les phases du développement de la famille.

Une mère ayant perdu sa fille de 17 ans dans un accident écrivait :

« Aucun mot ne peut décrire la douleur de perdre un enfant. Cette nuit d'avril 1984, une grande part de moi-même est morte avec ma fille. Tous ses espoirs et tous ses rêves s'en sont allés. Elle n'aura jamais son baccalauréat, elle n'ira jamais à l'université, elle ne connaîtra jamais l'homme qu'elle aurait pu aimer ni les joies de la maternité. Toutes ces choses dont elle parlait si souvent se sont envolées et avec elles une si grande partie de mon futur. Son absence sera avec moi pour tout le reste de ma vie. »

De nombreux facteurs rendent ce deuil d'un enfant particulièrement difficile :

1. Le fait que la perte d'un enfant n'est pas « dans l'ordre des choses ».

① perte partie d'eux-m (investisst) futur – dure toute la vie

2. La perte, fréquente, du soutien offert par le conjoint qui lui-même vit sont deuil.
3. La nécessité de prendre soin des enfants survivants.
4. Les réactions négatives, souvent, de la part des proches.
5. Parfois la culpabilité de n'avoir pas su protéger l'enfant.

1. Le fait que la perte d'un enfant n'est pas « dans l'ordre des choses ».

Quel que soit l'âge de l'enfant, sa mort enlève à ses parents leurs rêves, leurs espoirs, leurs attentes à propos du futur de cet enfant. Ils ont perdu une partie d'eux-mêmes, une partie de leur futur.

Si, dans chaque deuil, les survivants ressassent les conditions de la mort et tentent de trouver comment la personne décédée aurait pu être sauvée, les parents qui ont perdu un enfant sont particulièrement touchés par ces pensées, ces interrogations sans réponses qui peuvent devenir obsessionnelles.

Les parents en deuil continuent tout au long de leur vie de famille à se souvenir de l'enfant décédé. Ils le situent dans le temps par rapport aux autres enfants ; par exemple :

« Cette année, notre fils aurait 16 ans, il ferait sa confirmation. »

« Cette année, il aurait 20 ans, il ferait son service militaire. »

Leur chagrin est souvent stimulé par ces dates qui comportent des rites de passage que leur enfant ne vivra pas avec eux.

2. La perte, fréquente, du support offert par le conjoint qui lui-même vit son deuil

La perte d'un enfant touche les deux conjoints en même temps. Simultanément, ils vont vivre leur chagrin, devoir faire face à leur perte et malheureusement il leur est souvent impossible de se consoler l'un l'autre car ils souffrent trop.

Même lorsque le couple était très uni et que chacun trouvait chez l'autre, écoute et compréhension, dans le vécu du deuil d'un enfant, les conjoints se déçoivent parfois l'un l'autre car ils vivent leur épreuve de façon différente. Chacun d'eux a une personnalité unique, des capacités de faire face particulières, une histoire différente en ce qui concerne les pertes et les deuils vécus dans l'enfance, une capacité d'exprimer les émotions tout à fait autre.

L'homme se veut le protecteur, celui qui résout les problèmes, cependant, lors de la mort d'un enfant, il a l'impression de ne pas avoir rempli ces deux rôles et peut ressentir de la culpabilité.

L'un des aspects problématiques pour le couple en deuil d'un enfant, c'est aussi le décalage du chagrin dans le temps. Le déni peut durer plus longtemps chez l'un que chez l'autre et cette réaction peut ne pas être comprise par celui qui exprime les émotions liées au deuil, ou encore l'un ou l'autre des conjoints trouve du réconfort dans son travail et semble fuir la maison et son partenaire.

« Le chagrin ne se partage pas. Chacun doit en porter seul le fardeau, sur ses propres épaules, comme il le peut. Mais pour un couple qui vient d'enterrer son enfant, cette découverte est souvent bien amère », écrivait Harriet Sarnof Schiff.

L'un des aspects les plus complexes dans la relation de couple après la mort d'un enfant est en rapport avec la sexualité. L'intimité sexuelle peut représenter une forme de réconfort pour l'un des conjoints alors que l'autre ne peut pas imaginer vivre cela tant qu'il est au cœur de son cheminement de deuil.

Il est fréquent de constater que l'intimité sexuelle est impossible dans un couple en deuil jusqu'à 2 à 3 ans après le décès d'un enfant par désintérêt, évitement et dépression.

Ce problème est l'une des raisons évoquées pour expliquer l'érosion de relations de couple après le décès d'un enfant.

3. La nécessité de prendre soin des enfants survivants.

Prendre soin des enfants tout en faisant son cheminement de deuil est un rôle bien complexe qui pose un lourd fardeau sur les épaules des parents. Les enfants survivants soulignent par leur présence combien l'absence de l'enfant décédé est difficile à vivre. Ces enfants sont eux-mêmes dans une situation vulnérable. Ils pleurent un frère ou une sœur, ils sont anxieux ou en colère, ils ressentent peut-être de la culpabilité ou encore endossent une responsabilité qui les dépasse : « consoler leurs parents. »

Parfois les parents en deuil se désintéressent consciemment ou inconsciemment des enfants survivants, tout occupés qu'ils sont à créer une chapelle ardente pour l'enfant décédé et à tenter de perpétuer sa mémoire. Il est essentiel pour les parents de chercher et d'accepter de l'aide lorsqu'ils ne se sentent pas capables, à cause de leur chagrin, de soutenir les frères et sœurs de l'enfant décédé.

4. Les réactions négatives de la part des proches.

Alors que des parents en deuil ont un immense besoin d'être soutenus, écoutés, compris, aimés, ils vivent souvent le fait d'être abandonnés par leurs amis, évités par leurs proches et houspillés par leur entourage lorsqu'ils ne se « remettent » pas assez rapidement.

Ceci s'explique par le fait que les autres parents s'angoissent à leur contact à cause de cette tragédie si insupportable qui leur est rappelée par les parents en deuil et qui pourrait aussi les toucher.

De ce fait, les parents en deuil sont souvent privés du soutien social dont ils ont tous besoin pour faire face à leur deuil. Heureusement, de plus en plus de groupes d'entraide sont créés qui permettent aux parents de partager avec d'autres endeuillés tout ce qui touche à leur expérience de perte d'un enfant. Les grands-parents, les oncles, les tantes sont aussi touchés d'une manière unique par la mort de l'enfant et parfois, ils n'ont pas la force de soutenir les parents comme ils le voudraient.

5. La culpabilité des parents

Cette culpabilité peut prendre sa source dans différentes situations. Un parent est quelqu'un qui doit protéger son enfant et parfois l'enfant est mort parce qu'on lui a permis une activité qui a provoqué le décès : aller skier, ou nager, ou rouler à bicyclette.

Lorsque l'enfant est mort par suite d'une maladie, les parents peuvent se sentir coupables de n'avoir pas vu les premiers signes de la maladie assez tôt, de n'avoir pas pu reprendre l'enfant à la maison pour ses derniers jours, d'avoir quitté son chevet et de n'avoir pas été présents lorsqu'il a rendu son dernier soupir, de n'avoir pas eu le courage de parler de la mort avec lui et de tant d'autres aspects liés à cette expérience.

Fréquemment, les parents s'en veulent de n'avoir pas passé assez de temps avec leur enfant. Certains parents ressentent une culpabilité morale.

Une compréhension erronée de la relation de l'être humain avec son Dieu, peut les amener à croire que la mort de leur enfant est une punition qui leur est envoyée à cuseune violation de règles éthiques ou religieuses telles qu'avortement, adultère ou abandon des pratiques religieuses.

Une aide extérieure est souvent nécessaire pour que les parents puissent lâcher prise de cette culpabilité inutile et néfaste.

6. Perdre un enfant avant sa naissance : « faire une fausse-couche »

On ne prête pas toujours une grande attention à la perte d'un enfant avant sa naissance. Selon l'âge du fœtus, il n'est pas légalement considéré comme un être humain.

Cependant, les futurs parents sont déjà fortement investis dans cette vie qui habite la mère. Ils rêvent déjà cet enfant, ils mettent en lui leur espoir de devenir parents. Quelle que soit la taille du fœtus, il s'agit d'un bébé dans l'esprit des parents. Parfois, lorsqu'on attend un petit frère ou une petite sœur, la famille entière attend cette naissance et s'en réjouit. La « fausse-couche » représente une perte importante pour chaque membre de la famille, même si socialement, l'enfant en devenir n'avait pas encore d'existence.

7. Perdre un enfant à sa naissance : l'enfant mort-né

L'attachement de la mère à son enfant croît tout au long des 9 mois de grossesse et normalement ces mois d'attente devraient culminer en un événement heureux. Malheureusement, il arrive que l'enfant ne survive pas au moment de la naissance ou qu'il soit déjà mort dans le sein maternel depuis plusieurs heures ou quelques jours.

Cette perte est difficile à vivre. Souvent, tout avait été préparé pour recevoir l'enfant nouveau-né et la mère rentre à la maison les mains vides. Elle va devoir expliquer ce qui s'est produit à son entourage et parfois les proches ne comprennent pas l'intensité du deuil vécu par les parents, car eux n'ont pas connu ou pu créer un attachement avec cet être humain décédé en venant au monde.

Aujourd'hui, dans les maternités, les parents sont invités et encouragés à voir l'enfant mort-né, à lui donner un prénom, à l'inscrire à l'état civil et à faire pour lui un service religieux ou une cérémonie d'adieux.

Les frères et sœurs devraient pouvoir y participer. Grand soin devrait être pris de leur donner toute l'information concernant les raisons du décès du bébé afin qu'ils n'imaginent pas qu'ils en sont responsables parce qu'ils ont éprouvé, à l'occasion, des sentiments de jalousie à l'égard de ce nouvel enfant.

De nombreux parents ont trouvé qu'il était très utile de rédiger un faire-part annonçant le décès de l'enfant car les proches s'attendent à recevoir une confirmation de la naissance et se poseront des questions s'ils ne sont pas avertis de ce qui s'est produit.

Quel que soit l'âge d'un enfant, même s'il n'a vécu que quelques minutes ou même s'il était mort-né, les parents ont le droit d'éprouver du chagrin et de vivre leur deuil.

Ils ont droit au soutien et à la compréhension de leur entourage. Ce n'est pas l'âge de l'enfant décédé qui est déterminant, mais bien l'attachement entre les parents et l'enfant.

Les grands-parents en deuil

Les grands-parents sont comme les parents terrassés par le décès de leur fils ou de leur fille car ce sont eux qui sont censés mourir en premier. Quel que soit l'âge de leur enfant, il était dans l'ordre des choses qu'il leur survive.

Quand un de leurs petits-enfants meurt, ils n'arrivent pas à comprendre : « C'est moi qui aurait dû m'en aller ! » disent-ils. Pourquoi cet enfant ? Pourquoi ce petit enfant ? Cela leur semble absurde !

Aujourd'hui, les arrière-grands-parents sont encore présents dans de nombreuses familles et c'est tout « l'arbre généalogique » qui est en deuil lorsqu'un enfant disparaît.

On admet généralement que le processus de deuil est plus difficile à vivre pour les personnes âgées parce qu'elles ne disposent pas d'un système de soutien solide puisqu'il a été clairsemé par des deuils successifs. On sait aussi que leurs capacités d'adaptation diminuent avec l'âge et qu'il existe moins d'occasions pour eux de former de nouveaux attachements avec des personnes ou des projets. En réalité, ce n'est pas toujours le cas.

La difficulté particulière qui se présente aux grands-parents en deuil d'un petit-enfant, c'est : « Comment être un soutien pour leurs enfants et beaux-enfants qui sont dans la peine ? » « Comment être un soutien pour les petits-enfants survivants ? »

Ces grands-parents peuvent apporter beaucoup. S'ils arrivent à accueillir, à écouter, à être disponibles, ils peuvent jouer un rôle considérable dans le maintien de l'équilibre familial.

Leur chagrin est immense et malgré cela, ils ont déjà traversé des deuils, ils connaissent le chemin à parcourir et peuvent accompagner les membres de leur famille.

Lorsque ces grands-parents ou ces arrière-grands-parents ne sont pas en bonne santé ou encore lorsque leurs facultés intellectuelles sont diminuées, il arrive que leurs proches choisissent de leur cacher le décès d'un membre de la famille.

Bien que le motif soit souvent d'éviter de faire de la peine à la personne âgée, il s'agit d'une pratique à éviter. Dire avec tact et compassion ce qui s'est produit représente presque toujours une meilleure solution.

La personne âgée à qui l'on veut cacher la mort d'un proche sent bien que la communication avec ceux qui viennent la voir a changé. Elle perçoit la gêne de ses interlocuteurs lorsqu'elle demande des nouvelles de l'un ou l'autre et elle sent bien qu'on lui cache quelque chose, ce qui finalement l'angoisse beaucoup plus qu'une réponse vraie donnée simplement.

Lorsque c'est possible, il est recommandé de faire en sorte que la personne âgée puisse participer au service funèbre de son proche et tout particulièrement de son enfant ou petit-enfant.

Le deuil des grands-parents n'est pas toujours assez bien compris et les personnes âgées devraient bénéficier de groupes d'entraide à leur intention.

. personne => censés être les plus
. ressource +++ car deuils successifs
=> accomp famille endeuillée
[illegible] écoute dispo.
. ne pas cacher la + car sentent les choses.

VIVRE LE DEUIL DE SON CONJOINT

Continuer... c'est plus facile à dire qu'à faire.
Mais il le faut pourtant: continuer à tirer seule
l'attelage qu'on avait mis tant d'années à tirer à deux.
Les gens vous disent: la vie continue.
C'est vrai: au début, c'est la vie qui nous pousse.

Dans *Demain l'Au-Delà*

Vivre le deuil de son conjoint

Perdre son conjoint représente toujours une expérience traumatisante. Lorsqu'on perd son conjoint alors que les enfants sont encore jeunes, il s'agit alors d'un cataclysme familial. D'un instant à l'autre, celui des deux qui survit doit assumer un double rôle, les enfants deviennent orphelins de père ou de mère. Chaque membre de la famille va vivre d'une manière unique son processus de deuil.

Dans les nombreuses histoires que nous ont racontées des personnes en deuil d'un conjoint, ce qui semble essentiel, c'est de pouvoir parler de la personne disparue, de pouvoir exprimer son chagrin à sa manière. Pour le conjoint qui reste, c'est d'être entouré et aidé dans le respect et selon ses désirs. Même lorsqu'il est ardu de concilier travail, éducation des enfants et soin du ménage, le conjoint restant a besoin de trouver ses marques et de décider lui-même comment il veut faire face à ses obligations. Il s'agit donc pour les proches et les amis de proposer des services, de l'aide, sans insister, et de renouveler l'offre de temps à autre.

Lorsque les enfants sont adultes et que l'un des conjoints meurt, le conjoint survivant perd quelque chose de son identité : de personne mariée, elle devient veuve ou veuf, elle se retrouve seule. Plus le couple est âgé lorsque l'un des deux décède, plus la solitude est lourde à porter. Jacques Brel le chantait déjà : « Celui des deux qui reste se retrouve en enfer ». Cette solitude est due à l'absence de quelqu'un à aimer et qui nous aime, elle est liée à l'absence d'une personne dans la maison, à l'impossibilité de partager les activités quotidiennes.

Souvent l'absence d'un conjoint signifie une diminution des ressources financières, une perte des amis communs, une perte de statut social.

Lorsqu'on perd un conjoint, c'est tout un passé qu'on voit disparaître. Les souvenirs communs ne sont plus partagés, tout un pan d'histoire n'est plus.

On perd aussi dans le présent une possibilité d'échange, de soutien, une présence physique, un interlocuteur, une connivence. Lorsqu'on continue à habiter le même appartement, la même maison, tout nous rappelle la présence du défunt : des objets, des photos, des odeurs.

Un jour dans un grand magasin, une femme sortait des haricots de son panier pour les remettre sur l'étalage en pleurant à chaudes larmes. Voyant cela quelqu'un lui demanda s'il pouvait lui être utile. Elle se mit à raconter qu'elle était veuve depuis peu de temps et que, faisant ses courses, elle avait acheté des haricots, légume qu'elle n'aimait pas mais que son mari appréciait beaucoup. Tout à coup, elle venait de réaliser que son mari était mort et que, plus jamais, elle ne pourrait lui préparer cette salade aux haricots qu'il aimait tant, et c'était pour cela qu'elle sanglotait.

Perdre son conjoint, c'est, enfin, perdre un futur commun, tout ce qu'on avait projeté de vivre ensemble, quand les enfants seraient grands, quand on serait à la retraite.

Perdre un conjoint, c'est une épreuve cruelle et pourtant fréquente qui reste toujours bien difficile à vivre à cause du manque physique et psychologique.

Comment mieux vivre cette perte d'un conjoint

En tant que parent d'enfants jeunes ou adolescents, il est essentiel de veiller à ne pas attendre le réconfort de la part de ses enfants qui eux-mêmes ont à vivre leur deuil. C'est en dehors de la famille que le parent doit trouver du soutien afin d'être à même de soutenir ses enfants.

En tant que veuf, veuve, il est important de savoir que le manque de la présence de l'autre peut encore être très fortement ressenti 2 à 3 ans après sa mort.

Il est utile de savoir aussi que les amis que l'on côtoyait beaucoup lorsqu'on était un couple ne sont pas toujours intéressés à continuer ces relations d'amitié. Une veuve, comme toute femme seule, peut représenter une menace consciente ou inconsciente pour un couple. C'est une réalité, mieux on y est préparé, moins on est touché affectivement.

« On ne refait pas sa vie, on la continue », disait une jeune veuve qui avait recréé une relation intime avec un collègue de travail.

Ce n'est pas le refus de continuer sa vie qui honore particulièrement le conjoint décédé. Au contraire, recréer des liens, être capable d'aimer à nouveau, c'est un hommage rendu à celui ou celle qui n'est plus là. C'est manifester qu'on a été si heureux dans sa relation de couple qu'on est prêt à retenter l'expérience.

ÊTRE ADULTE ET VIVRE LE DEUIL DE SES PARENTS

Nous mourons parce que nous vivons
et tout ce qui vit meurt.
Françoise Dolto

Chacun sait bien qu'un jour ou l'autre, ses parents mourront. C'est dans l'ordre des choses. On s'y attend tout en espérant que ce sera le plus tard possible, sauf si les parents en question souffrent ou qu'ils n'ont « plus leur tête ». On y pense, parfois, surtout lorsqu'on assiste à l'enterrement du père ou de la mère d'une personne de notre âge. Entre-temps, on est happé par les exigences de la vie active et le temps passe. Puis un jour, le téléphone sonne. Cet appel qu'on redoutait est bien là : papa est mort ou maman est morte. C'est arrivé ! Subitement, celui ou celle qui nous permettait de croire que finalement on n'était pas si vieux puisque qu'on avait encore ses parents, cette personne est morte.

Maman, grand-maman, sœur, tante, marraine, épouse, belle-sœur, amie, cette personne si importante pour tant de proches et de moins proches. « Maman est morte. »

C'est pareil, bien sûr, lorsqu'il s'agit du père.

Souvent, ce coup de téléphone a été précédé d'un long chemin de pré-deuil. La maladie, s'est installée subitement ou progressivement. Elle a permis que les enfants se rassemblent et qu'ils accompagnent ce père ou cette mère à travers les différentes épreuves de cette dernière étape. Parfois, ces derniers moments de la vie d'un parent ont stimulé des vieilles rancunes et ont réactivé d'anciens conflits entre frères et sœurs. Rien n'est simple dans les relations de famille !

Cependant, l'enterrement, le service funèbre est un moment charnière. A partir de cet instant-là, il n'y a plus d'interaction possible avec ce parent. Ceux qui restent sont aux prises avec leurs émotions, leurs doutes, leurs regrets, leurs souvenirs, et des questions qui resteront sans réponse.

La mort d'un parent âgé, c'est aussi la mort d'un grand-père, d'une grand-mère ou même d'un arrière-grand-parent. C'est toute la famille qui est en deuil. C'est une occasion d'inclure les petits enfants et les arrière-petits-enfants, de les inviter à voir la personne âgée décédée et à assister aux rites funéraires. Ainsi, ils apprivoiseront la mort dans une circonstance moins traumatique pour eux que la perte d'un de leur parent ou d'un frère ou d'une sœur.

Perdre un parent, quel que soit l'âge des enfants, c'est toujours une épreuve difficile, alors qu'on a tendance à minimiser les émotions vécues lors d'un tel deuil, quand la personne décédée était âgée. On entend dire : « Tu as eu de la chance de l'avoir si longtemps ! » ou encore : « Il avait atteint un bel âge » ou « Elle a eu une vie bien remplie ». Tout cela n'enlève rien à la douleur de la perte. Bien sûr, mourir à 90 ans, c'est dans l'ordre des choses, mais c'est mourir tout de même.

Les enfants adultes qui perdent un parent âgé ressentent souvent de la culpabilité qui complique leur deuil. Cette culpabilité peut avoir à faire avec le peu de temps passé avec la personne décédée, dans ses derniers moments, elle peut être en rapport avec le désir que l'on a éprouvé de voir son père ou sa mère handicapé mourir rapidement, ou avec l'irritation qu'on a ressentie face à la détérioration de cette personne âgée avec laquelle on aurait voulu passer plus de temps.

Lorsqu'on perd son premier parent, en général, il reste encore l'autre et l'investissement des enfants adultes se reporte sur lui. Mais lorsque le deuxième parent meurt, la solitude et le sentiment de vide sont particulièrement présents. On se retrouve sans parent et on ne peut plus « retourner à la maison ».

La mort du deuxième parent amène fréquemment des modifications dans la dynamique familiale. Les frères et sœurs s'éloignent les uns des autres, les contacts se réduisent, on ne se rencontre plus dans la maison familiale lors des fêtes et malheureusement la famille peut éclater. Ceci peut être prévenu par l'organisation de fêtes, de réunions où tous sont invités avec leur propre famille afin que les contacts soient maintenus dans toute la mesure du possible.

A la mort des parents, l'héritage peut être source de conflit. Si les choses n'ont pas été bien préparées, qu'il reste des inconnues, alors les vieilles jalousies ressurgissent et des fissures irréparables peuvent se produire dans la fratrie jusqu'à nécessiter des procès extrêmement pénibles pour toutes les personnes impliquées.

Lors du décès d'un parent âgé, les réactions sont diverses chez les enfants. Chaque enfant s'est investi différemment dans l'accompagnement des parents et chaque enfant a eu une relation unique avec ses parents. Ce n'est pas toujours facile à comprendre et certains frères et sœurs peuvent s'en vouloir entre eux de ne pas éprouver des sentiments semblables. Ils peuvent se reprocher les uns aux autres le manque d'aide ou d'investissement dans l'accompagnement du parent décédé. Ce peut être l'occasion de s'expliquer et de se comprendre ou au contraire de s'installer dans le ressentiment.

Finalement, perdre ses parents âgés, c'est aussi prendre conscience que soi-même, on vieillit. C'est constater que ceux qui nous ont précédés vivent en nous et qu'ils continueront à nous être présents.

FAIRE LE DEUIL D'UN PROCHE QUI S'EST SUICIDÉ

Dieu n'est pas venu expliquer la souffrance,
mais la remplir de sa présence.

Claudel

Lorsqu'un proche se suicide

Perdre un être aimé représente une épreuve douloureuse. Cependant, faire le deuil d'un proche qui a décidé de se donner la mort, c'est approcher l'une des situations les plus difficiles qui puisse se vivre.

Les endeuillés qui doivent faire face à cette épreuve rencontrent parfois des attitudes négatives de la part de leur entourage, ils peuvent se sentir coupables, éprouver de la colère vis-à-vis du mort et une diminution de leur estime d'eux-mêmes.

Pourquoi le travail de deuil lors d'un suicide est-il plus difficile à vivre ?

1. La première raison est qu'il s'agit d'une mort brutale, il n'y a pas de préparation, pas de période de pré-deuil, pas de possibilité de terminer des situations, de se dire au revoir.

2. Ce qui caractérise le deuil qui suit un suicide, c'est l'immense culpabilité des survivants. « Pourquoi a-t-il commis ce geste ? » « Qu'avons-nous fait de faux dans son éducation ? » « Pourquoi n'ai-je rien remarqué ? » « Ai-je manqué de vigilance ? » « Est-ce qu'on aurait pu éviter ce drame ? » Tant de questions sans réponses qui reviennent sans cesse à l'esprit. De nombreux parents, conjoints, frères et sœurs s'en veulent énormément. Ils se remémorent la chronologie des événements précédant le suicide, cherchant des indices, des signes qu'ils auraient pu ou dû remarquer.

3. La colère contre la personne qui s'est suicidée peut être intense : « Pourquoi a-t-il fait ça ? Il n'aurait pas dû nous causer tant de souffrances ! » Celui qui survit se sent rejeté, son amour, son affection pour l'autre n'ont pas suffi à le retenir. Il arrive que le fait de ressentir cette colère contre la mort soit insupportable pour l'endeuillé qui préfère (inconsciemment) la retourner contre lui, la garder à

l'intérieur de lui, ce qui va contribuer, peut-être, à créer des problèmes de santé physique ou psychique.

4. Il arrive encore bien souvent que les proches d'une personne qui s'est suicidée craignent que d'autres êtres aimés dans leur entourage optent pour la même décision, tant il est vrai que la croyance erronée d'une hérédité de la conduite suicidaire est répandue. Le suicide n'est pas héréditaire, il s'agit d'un choix basé sur une décision. Il n'existe pas de gène de suicide.

5. Les proches qui vivent le deuil d'une personne qui s'est suicidée peuvent être totalement opposés au suicide sur le plan moral ou philosophique et en vouloir intensément au suicidé pour cela. Il est utile pour pouvoir avancer dans son processus de deuil d'arriver à accepter que cet acte d'autodestruction est apparu comme la seule solution possible au suicidé au moment où il l'a fait et qu'il s'agissait d'un choix qui lui appartenait. Nous ne pouvons pas changer le cours des événements même lorsque nous le voudrions intensément, quand il s'agit de la vie d'un autre.

6. Il arrive aussi que le suicide soit l'acte final d'une vie douloureuse pour la personne décédée comme pour son entourage.

Benoît était un garçon qui avait « toujours donné du fil à retordre » à ses parents. Dès son adolescence, il avait sombré dans la petite délinquance puis dans la drogue. A plusieurs reprises, il avait frappé sa mère qui était terrorisée lorsqu'elle le voyait revenir à la maison, chassé par des copains qui l'avaient hébergé. Chaque jour, ses parents se demandaient quelle nouvelle « bêtise » leur fils allait inventer. A cause du stress provoqué par ses frasques, son père était tombé malade, ses frères et sœurs fuyaient la maison des parents. Les voisins avaient alerté la police à plusieurs reprises et toute la famille éprouvait un sentiment d'impuissance et d'épuisement. Un soir, Benoît fut retrouvé mort d'une overdose dans un squat. Avertis, les parents de Benoît furent effondrés. Mais ce qui inquiétait la mère de Benoît, c'est qu'elle éprouvait non seulement une très grande tristesse, mais aussi un grand soulagement. Elle s'en voulait d'éprouver cela.

Après avoir pu partager son ressenti avec un professionnel, elle prit conscience du fait que ce qu'elle ressentait était tout à fait normal, qu'un sentiment de soulagement ne signifie pas du tout qu'il n'y avait pas d'amour dans la relation ou qu'il n'y avait pas simultanément un grand sentiment de tristesse. »

Faire le deuil d'une personne qui s'est suicidée

Pour pouvoir accomplir le cheminement du deuil, dans cette situation, il est nécessaire de considérer ce qui s'est produit d'une manière réaliste, en abandonnant l'illusion qu'on aurait pu « faire quelque chose d'autre ».

Il est utile d'organiser un service funèbre malgré les conditions de la mort. Il y a quelques décennies, les rites funèbres étaient refusés aux personnes qui s'étaient donné la mort. Heureusement, aujourd'hui, cette mort est beaucoup plus « acceptée » par la société et, de ce fait, les proches n'ont plus à subir l'opprobre de l'entourage. De toute manière, les rites funéraires sont particulièrement utiles aux survivants qui ne devraient jamais se priver de ce soutien.

Le décès subit que représente le suicide empêche de se dire au revoir, de terminer des situations laissées en friche. Il se peut que celui qui a choisi d'interrompre sa vie ait laissé un dernier message, une lettre, un mot.

Recevoir ce message sans possibilité d'y répondre peut représenter une grande souffrance pour ceux qui restent.

Dans de telles circonstances, il est utile de savoir que le fait d'écrire à la personne décédée, puis de brûler la lettre représente un moyen souvent bienfaisant de « terminer » une situation.

Malgré toute l'évolution du regard de la société face au suicide, il faut savoir qu'il s'agit là d'une des circonstances de deuil les plus difficiles à vivre et que ceux qui traversent cette épreuve ont besoin de beaucoup de temps pour intégrer cette perte dans leur vie, et de beaucoup d'écoute et de soutien pour être capables de recréer de nouveaux attachements et peut-être de trouver un sens à ce qu'ils ont vécu.

LES SITUATIONS DE DEUIL NON RECONNUES PAR L'ENTOURAGE ET PAR LA SOCIÉTÉ

Tu ne peux pas diminuer la nuit
Tu peux augmenter la lumière.

Proverbe

Ces dernières années, une nouvelle notion est apparue, celle de « perte non reconnue ».

Notre vie familiale et sociale est régie par des règles, des coutumes plus ou moins formelles qui spécifient qui peut être en deuil, quand, comment et pour combien de temps.

Au sein de notre société, seules les relations familiales sont reconnues. Lorsqu'une personne est très malade, hospitalisée en soins intensifs, seuls les membres de la famille proche sont admis à visiter le malade. On ne s'inquiète pas de savoir si ce n'est pas un ami ou une amie qui est l'être le plus proche et celui dont la présence auprès du malade serait tout particulièrement souhaitée.

Il en est de même lors d'un deuil. Certaines relations sont cachées, elles ne sont pas acceptées socialement, ou encore elles sont de l'ordre du secret de famille.

Claudine était assise sur le dernier banc de la chapelle du centre funéraire, pleurant à chaudes larmes. A côté d'elle se trouvait sa fillette de 7 ans. Personne ne l'entourait alors que l'épouse et le fils du défunt en l'honneur duquel ce service funèbre avait lieu, assis au premier rang, étaient soutenus et entourés.

Au terme du service, tous les participants étaient invités à une collation alors que Claudine quittait tristement le centre funéraire. Et pourtant, c'était le père de Claudine qu'on allait enterrer, le grand-père de sa fillette. Mais voilà, le défunt n'avait jamais reconnu officiellement sa fille, et sa femme et son fils ne savaient pas qu'il menait une sorte de double vie. Il voyait régulièrement Claudine et sa fillette, mangeait avec elles toutes les semaines et cultivait une relation intense avec sa petite-fille, qui lui avait permis de devenir grand-père.

Claudine eut beaucoup de peine à faire le deuil de son père, elle le pleurait, et en même temps, elle avait à faire le deuil de ce qui aurait pu être et qui n'était pas advenu.

L'histoire de Claudine n'est pas unique. Il existe de multiples raisons qui expliquent pourquoi certains deuils ne sont pas reconnus.

La perte d'amis ne bénéficie pas de la même reconnaissance que la perte d'un membre de la famille, alors que fréquemment les liens établis peuvent être tout aussi intenses si ce n'est plus que ceux qui se nouent entre des êtres reliés par « le sang », comme on dit.

Perdre un colocataire, quelqu'un avec qui on a partagé des années de vie commune, au moins sur le plan matériel, n'est pas reconnu comme une perte significative puisque cette personne n'est pas « de la famille ».

Au moment de la mort, la famille reprend ses droits, elle a le pouvoir d'exclure ou d'inclure les amis lors du service funèbre. C'est elle qui définit l'organisation de ce service qui reçoit les condoléances et fait les démarches administratives. Les amis n'ont aucun rôle et parfois la famille ne connaît pas les amis intimes du défunt.

Outre les amis, il arrive trop souvent qu'on exclue les parents très âgés, les jeunes enfants et les membres de la famille qui sont handicapés mentaux des informations sur le décès, des cérémonies funèbres, des visites à la chapelle mortuaire.

Toutes les recherches sur le processus de deuil mettent en évidence l'importance de participer aux cérémonies rituelles lors de la perte d'un être cher. Qu'il s'agisse d'un petit enfant, d'une personne handicapée ou d'une personne très âgée, tous ont besoin de pouvoir vivre la dernière étape du lien qui les unissait au défunt. Les problèmes matériels relatifs au transport peuvent toujours trouver une solution.

En ce qui concerne les amis, les proches « qui ne sont pas de la famille », notre société a besoin de s'ouvrir beaucoup plus à cette réalité. La famille est une structure qui peut être extraordinairement porteuse, mais elle n'est pas la source de tous les réconforts. L'importance des amis doit être prise en considération en ce qui concerne le deuil et les rites de deuil.

QUAND LE DEUIL SE COMPLIQUE

Nous pouvons nous faire peur ou nous inspirer.
Nous pouvons faire du mot « amour » un synonyme
de douleur ou, au contraire, une célébration de la vie.
Nous pouvons généraliser et entourer de nuages
toutes les expériences à venir. Nous sommes
les architectes de nos attitudes et de nos expériences.
Nous construisons le monde par la manière
dont nous le voyons.

Barry Kaufman

Impossibilité de travail de deuil

Kadidja avait 62 ans. Veuve depuis 8 ans, elle avait reporté tout son amour sur son fils unique, jockey à Paris. Elle-même habitait la Franche-Comté. Son fils, la sentant très seule, faisait très souvent en voiture le trajet de Paris jusque chez sa mère.

Un soir elle l'attendit en vain. Il avait eu un accident et était mort sur la route.

C'en était trop. Allah faisait ce qu'il voulait, mais là, cela dépassait les bornes. Kadidja s'enferma dans sa petite maison de banlieue et pendant 2 ans elle ne se déshabilla pas, ne se lava plus, dormit sur le canapé du salon, faisant de sa chambre à coucher une chapelle ardente en hommage à son fils.

Sur son lit trônaient les bottes et la casquette de jockey de son fils. Des bougies brûlaient jour et nuit.

L'épicier apportait les quelques provisions indispensables et le postier venait chaque jour, mais Kadidja ne les faisait jamais entrer dans sa maison aux volets clos.

Au bout de 2 ans, des ulcères énormes s'étaient formés sur ses jambes. Elle fit venir le médecin qui ordonna des visites quotidiennes d'infirmières.

Il fallut encore deux années à ces professionnelles pour, tout doucement, apprivoiser Kadidja, pour la soigner, pour l'écouter, pour l'aider à retrouver ses habitudes d'hygiène, et pour l'aider à avancer dans son chemin de deuil.

Quatre ans après la mort de son fils, Kadidja avait retrouvé le goût de vivre et avait même accepté de donner des cours d'arabe à la maison de la culture, elle qui avait enseigné cette langue dans sa jeunesse.

L'histoire de Kadidja n'est pas unique. L'impossibilité de parcourir le chemin de deuil peut se produire lorsqu'il y a un manque total de soutien familial, comme dans la situation décrite ci-dessus, ou encore lorsque des conflits importants existent au sein de la famille, lorsque la colère ne peut pas être exprimée ou lorsque la personne endeuillée n'est pas en bonne santé mentale.

L'impossibilité de faire le deuil existe aussi lorsque l'endeuillé se sent coupable envers le mort ou que ses sentiments envers lui étaient d'une grande ambivalence.

Il arrive aussi qu'une perte réveille d'autres pertes plus anciennes ou alors qu'il y ait des pertes multiples concentrées dans le temps. Le regard de la société peut aussi rendre plus difficile le travail de deuil, par exemple lorsqu'il y a :

- Négation sociale de la perte :

– ceci se produit dans les cas d'avortement, de fausses couches ou lorsqu'un enfant est donné pour être adopté.

- Mort dont socialement on ne peut pas parler facilement :

– mort par overdose
– mort par meurtre
– mort d'un amant secret
– suicide.

- Mort de l'être aimé vécue dans la solitude totale, comme dans la situation de Kadidja.
- Incertitude concernant la mort notamment dans les enlèvements d'enfants, les disparitions en mer ou à la montagne ou les disparitions en temps de guerre ou de conflit politique.

Dans des situations de ce genre, l'endeuillé ou les endeuillés peuvent éprouver par exemple :

– de la dépression
– des attaques de panique
– des problèmes physiques (palpitations, vertiges, oppression)
– l'impression que la mort vient de se produire, alors qu'elle remonte à plusieurs mois ou années
– le désir de garder, sans y toucher, les affaires du mort telles qu'il les a laissées pendant des mois ou des années.

On nomme cette complication « la momification »

- ◆ l'incapacité de parler du défunt sans pleurer des mois et des années après le décès
- ◆ l'alcoolisation ou le recours à la drogue.

Apporter de l'aide

Lorsqu'une personne de la famille présente un ou plusieurs des symptômes décrits plus haut, il est utile d'entrer en contact avec la personne, d'être physiquement et émotionnellement présent avec elle, de la rassurer, puis de l'aider à dire, à raconter.

Il peut être utile de lui redire combien l'expression du chagrin est normale et même essentielle.

L'aide d'un professionnel, formé à l'accompagnement du travail de deuil, est importante et, parfois, cela prendra du temps de convaincre l'endeuillé d'avoir recours à une aide extérieure.

VIVRE LES ÉMOTIONS DANS LA FAMILLE

Ce ne sont pas les années qui pèsent le plus,
mais tout ce qui n'a pas été dit,
tout ce que j'ai tu et dissimulé.
Je ne savais pas qu'une mémoire remplie
de silences et de regards arrêtés pouvait
devenir un sac de sable rendant la marche difficile.

Tahar Ben Jelloun, *La nuit sacrée*

Toutes les familles sont différentes, elles font face aux situations d'une manière qui leur est propre.

L'expression des émotions, et la meilleure manière de les exprimer, est souvent passée d'une génération à l'autre. Dans certaines familles, le fait de ne pas exprimer ses émotions est perçu comme une force. Dans d'autres familles, l'expression des émotions est réservée aux femmes, ailleurs encore les femmes ont le droit d'exprimer leur tristesse alors que les hommes peuvent exprimer leur colère.

Il arrive que certains membres d'une famille aient appris à partager l'expression des émotions alors que d'autres se cachent pour pleurer.

Les hommes souvent préfèrent être seuls pour vivre leurs émotions, ils vont au cimetière seuls, évitent de parler de leurs peurs et de leurs angoisses avec leurs proches. Ils voient la tristesse et les pleurs comme une défaite : « J'ai craqué », au lieu de considérer cette expression comme une réponse de santé et peut-être comme un comportement qui donne permission aux enfants de vivre, eux aussi, leurs émotions.

Ce qui est parfois difficile à vivre pour les membres d'une famille, ce sont les manières différentes de faire face à la perte. Chaque personne a vécu une relation personnelle avec le défunt et pleure un lien unique et différent des autres.

Des émotions diverses sont vécues qui vont de la colère au soulagement en passant par l'impuissance, la culpabilité, la déception et le sentiment d'être abandonné.

Il arrive aussi qu'une personne dans la famille exprime toute la tristesse, une autre la colère et une troisième le déni.

Ce qui permet à une famille de faire face à la mort d'un proche

Chaque famille possède des ressources intérieures et extérieures qui lui permettent de faire face aux situations difficiles.

Voici quelques exemples de ressources:

Les ressources extérieures

1. Une situation financière confortable permet de faire face aux dépenses causées par les funérailles sans soucis particuliers à ce propos. Elle permet aussi de faire le travail de deuil sans avoir à craindre de se trouver privé de ressources ou dans les difficultés matérielles.
2. Une insertion forte dans la communauté permet de recevoir du soutien et des encouragements. Plus une famille a tissé des liens avec sa paroisse, avec la vie associative de son quartier, plus elle est connue et appréciée, plus la communauté sera présente pour l'accompagner dans son deuil.
3. Dans une famille nombreuse, les membres sont proches les uns des autres et trouvent facilement du soutien et de l'aide.

Les ressources intérieures

1. Une foi partagée par les membres de la famille permet à chacun de se situer, de communiquer à propos de la mort et de l'après-vie.
2. Les rituels familiaux et le respect d'une tradition culturelle forte servent de ciment psychologique pour tous les membres de la famille.
3. Une communication ouverte et aimante entre les membres de la famille est d'une grande aide durant les moments difficiles.

Vivre les émotions liées au deuil en famille n'est pas une petite affaire. De nombreuses difficultés et des conflits divers peuvent surgir.

Les conflits potentiels dans la famille

Avant la mort

Lorsque la personne en fin de vie réclame des soins importants, des conflits peuvent surgir concernant la répartition des tâches. Qui va prendre soin du malade ? Qui va décider quoi ? Quels sont les arrangements à prévoir pour les funérailles ? Et qui va s'occuper de quel aspect ?

Souvent des conflits larvés réapparaissent, des jalousies entre frères et sœurs, des difficultés à communiquer et à s'affirmer.

Au moment de la mort

Chacun se demande comment les choses se sont passées, qui était là au moment de la mort. Il arrive que certains membres de la famille ne soient pas avertis immédiatement ou qu'ils ne puissent pas voir le corps avant que celui-ci ne soit transporté à la morgue.

Lorsque la mort a été rapide et soudaine, certains membres de la famille éprouvent beaucoup de colère et il arrive qu'ils la projettent sur un proche créant ainsi des difficultés relationnelles importantes dans la famille.

Durant le processus de deuil

C'est surtout l'héritage qui est une source inépuisable de conflits dans les familles en deuil.

Des frères et sœurs qui s'entendaient bien jusqu'à la mort des parents, s'entre-déchirent au sujet d'une propriété, d'un bijou de valeur ou d'une somme d'argent, allant même jusqu'au procès pour récupérer ce qui semble être leur dû.

La manière de vivre le deuil peut aussi produire des conflits dans une famille. Certains membres reprochent aux autres d'être trop vite consolés, par exemple.

Heureusement, dans de nombreuses familles, il n'y a pas de conflits. Plus la cohésion de la famille, la capacité de communiquer et la flexibilité sont grandes, plus les conditions sont réunies pour que chacun des membres trouve le soutien et les encouragements dont il a besoin.

L'IMPORTANCE DES RITES DU DEUIL

S'il faut aller au cimetière
J'prendrai le chemin le plus long
J'ferai la tombe buissonnière
J'quitterai la vie à reculons
Tant pis si les croqu'morts
Me grondent
Tant pis s'ils me croient fou à lier
Je veux partir pour l'autre monde
Par le chemin des écoliers

Georges Brassens

But des Rites funéraires –

L'enterrement ou la crémation représente la dernière étape du parcours d'une vie. C'est le point d'orgue de la partition comme le nommait un vieil homme en fin de vie.

Ces dernières années, les rites liés à la mort se sont modifiés, simplifiés, parfois jusqu'à disparaître complètement. Les faire-part mortuaires mentionnant que la personne décédée a été enterrée « dans la plus stricte intimité » se sont multipliés, démontrant par là la grande ignorance de l'importance des rites de deuil. Manu Keirse dans son livre *Faire son deuil, vivre un chagrin* en donne un poignant exemple :

« Avant de mourir d'un cancer à 35 ans, Félix avait demandé que ses funérailles se déroulent dans la plus stricte intimité. Pas d'avis nécrologique. Uniquement la présence de sa femme et de ses parents à l'enterrement, il ne souhaitait personne d'autre. On respecta sa dernière volonté, avec des conséquences catastrophiques pour la famille. Elle ne put partager sa peine. Chaque fois que l'on demandait comment allait le mari, le fils, il y avait un malaise lourd et pénible. Le boulanger, le boucher, le facteur avaient l'impression d'avoir commis un impair, d'avoir été informés trop tard. La famille évitait les contacts qui étaient une nouvelle occasion de confrontation douloureuse et maladroite. L'annonce du décès et des funérailles était à reprendre systématiquement, chaque fois individuellement. Ou alors, il fallait ne rien dire. Les parents et l'épouse restèrent fort isolés, à l'écart des manifestations sociales. Ils partagèrent peu leur chagrin. Ceci creusa un fossé de plus en plus grand par rapport à l'entourage et rendit le deuil encore plus pénible. Des années plus tard, ils se sentaient encore bloqués. »

Toutes les coutumes ont un sens, une fonction sociale, on peut les modifier. En revanche, leur disparition pure et simple crée de nouveaux problèmes. Le but, la vocation primordiale du rite est de sécuriser les humains dans toutes les occasions où apparaît l'anxiété du devenir. Il est alors une nécessité vitale grâce à son pouvoir équilibrant et apaisant.

En effet, la mort n'est pas seulement un fait biologique, c'est aussi une donnée socioculturelle par les croyances ou les représentations qu'elle suscite et par les attitudes et les rites qu'elle provoque.

C'est pourquoi les rites funéraires sont si utiles à la communauté des vivants.

La dimension positive des rites funéraires

1. Les rites permettent à la communauté de manifester son soutien aux endeuillés.
2. Ils représentent une suite d'activités structurées comme par exemple : la veillée funéraire, la levée du corps, le service funèbre, l'inhumation, la collation ou le repas pris en commun, qui facilitent les contacts entre la famille endeuillée et la communauté.
3. Ils favorisent le processus de réintégration des endeuillés dans la communauté.
4. Ils permettent à la communauté de gérer son angoisse et son chagrin, et lui rappellent le fait que tout être humain mourra un jour.

   En ce qui concerne les proches endeuillés, les rites du deuil valident et permettent l'expression de leur chagrin, ils sont l'occasion de parler du défunt, de recevoir les témoignages d'affection des proches et des connaissances, et d'être soutenus dans leur espoir à travers la dimension religieuse.
5. Ils peuvent aussi soulager la culpabilité des proches.

L'un des aspects fondamentaux des funérailles choisies consiste à déterminer de quelle manière on va traiter le corps du défunt.

Il y a quelques décennies, en Europe, et en Amérique du Nord, la majorité des défunts étaient enterrés. Il y avait parfois une veillée auprès du corps, puis au bout de trois jours, dans la plupart des cas, un service religieux suivi d'une procession amenant la dépouille au cimetière. Le dernier acte concernant le corps du défunt était la descente du cercueil dans la fosse en présence d'un ecclésiastique, des proches et amis.

Puis chacun était invité à une collation ou un repas dont l'importance variait selon les contrées.

Le fait d'enterrer un mort offre aux survivants un moyen de conserver un lien avec le défunt. La tombe, le cimetière représentent des lieux concrets où l'on peut ressentir et exprimer son chagrin. Certaines personnes ont besoin de se rendre fréquemment au cimetière, surtout dans les premiers mois du deuil.

Actuellement, les entreprises de pompes funèbres se chargent de la toilette mortuaire, de la préparation du corps du défunt et elles mettent souvent à disposition de la famille et des proches un endroit où le corps peut reposer et où il est possible d'aller se recueillir jusqu'au service funèbre.

La crémation, le fait de brûler le corps, est devenue de plus en plus courante ces dernières années.

Il y a plusieurs raisons à cela :

1. La mobilité des familles qui ne résident plus forcément là où sont enterrés leurs morts.
2. La nécessité d'entretenir ou de faire entretenir la tombe constitue pour la famille une obligation qui peut sembler lourde à long terme.
3. Cette façon de disposer du corps peut sembler rapide, propre, et peu coûteuse.
4. C'est une méthode qui peut sembler « naturelle ».

La crémation a cependant des aspects négatifs.

La disparition du corps est très rapide et peut compliquer le processus de deuil.

Il n'y a, en général, pas de tombe où aller se recueillir, pas de tombe à fleurir. Se recueillir devant un « columbarium », c'est-à-dire une niche dans un mur où l'on peut déposer l'urne funéraire, n'est pas comparable au fait de savoir que le corps du défunt repose à un endroit identifié et fleuri.

Actuellement, il est fréquent pour une famille de décider d'aller répandre les cendres du défunt dans la nature, au-dessus de la mer ou en haute montagne. On peut même les faire envoyer sur la lune en cherchant sur l'internet l'entreprise qui se charge de cela.

La crémation a un sens quand elle correspond au désir précis du défunt et que la famille est en accord avec ses vœux.

Ces dernières décennies les rites funéraires ont diminué d'importance d'une manière considérable.

Pierre Poletti, formateur dans le domaine des rites, a reconstitué cette différence à un siècle de distance et, avec sa permission, nous reproduisons ici le récit de deux types de rites funéraires dans le canton de Vaud, en Suisse romande.

Deux histoires presque vraies pour illustrer ce qui a changé.

Il y a un siècle : l'enterrement de Louis

Il était né en 1832 aux Ormont-Dessus, au pied du massif des Diablerets. Sa vie de montagnard n'avait pas été plus pénible ni plus facile que celle de centaines d'autres habitants de cette vallée si belle et si particulière.

Mais en cet hiver 1902, alors qu'il atteint ses 70 ans, Louis tombe malade, une sorte de grosse grippe dont il ne se remet pas. Le docteur est déjà monté deux fois, mais ce soir, il réunit la femme et les deux fils de Louis dans la cuisine. « Louis va passer bientôt... Je suis maintenant impuissant... »

« Il restera ici » a dit le fils, « c'est comme ça qu'il voulait mourir, il l'a toujours dit... »

La nouvelle se répand vite dans la vallée, les proches accourent, le pasteur viendra dans la soirée. Louis, comme tous les Ormonants est très croyant, il n'a jamais manqué un service du dimanche. A sa table on fait la prière tous les jours.

Les proches et quelques amis et voisins se pressent dans le chalet, se relaient au chevet de Louis. Toute la nuit on le veillera : au matin, après avoir perdu connaissance par deux fois, Louis a regardé tous ces visages amis autour de lui, il a fermé les yeux et puis il s'en est allé. Le pasteur qui était monté a dit : « Que notre frère boive avec courage la coupe que tu lui présentes, ô notre Dieu, et puisqu'il est prêt à marcher dans l'ombre de la mort, que ton bâton et ta houlette le conduisent et le fortifient. Ainsi soit-il. »

Comme le docteur ne peut pas être joint, c'est le visiteur des morts qui monte constater le décès. Le silence s'est fait dans le chalet, on a arrêté les pendules, recouvert les miroirs.

« Louis, dit le pasteur, n'avait pas peur de la mort, il l'a accueillie comme une amie, maintenant son âme a quitté son corps, elle est entre les mains de son Père de miséricorde. Amen. »

Sans en parler à personne, son fils était allé ouvrir la petite fenêtre de derrière, celle qui donne sur la montagne et dont le cadre est peint en bleu, celle par laquelle l'âme quitte la maison du défunt. Plus tard il ira couvrir les ruches d'un drap blanc.

Maintenant la sage-femme est montée aussi, elle va laver le corps de Louis et l'habiller avec son plus beau costume, celui de ses noces, comme celui-ci est devenu un peu petit, on le coupera dans le dos. Chaussé de ses souliers du dimanche, on étendra le corps sur un lit dans la petite chambre.

Le menuisier est venu prendre les mesures, demain il apportera le cercueil en bois blanc, recouvert d'une sorte de copal.

Le chalet ne désemplit pas, tous viennent pour voir et réconforter la famille éplorée. Ce soir, ils seront encore nombreux pour la veillée, ils seront tous dans la cuisine, la porte de la petite chambre restera ouverte, mais ce ne sera pas une veillée des morts, on a veillé Louis pendant toute son agonie sans jamais le laisser seul même une seconde, mais maintenant ce sont les vivants qu'il faut réconforter.

Deux longs jours ont passé, on a envoyé les faire-part, le corps de Louis repose maintenant dans son cercueil de sapin. Aujourd'hui, c'est jour d'enterrement. Dès 10 h, les proches, les parents, les amis et les voisins monteront au chalet, ils auront tous mis leur costume des dimanches, la collation sera servie, si la cuisine devient trop petite quelques-uns attendront dans la grange. On servira du vin ou du thé à la cannelle.

Puis viendra l'heure du départ, on mettra le cercueil sur la « gaïtze », cette luge qui sert surtout à descendre le foin. On recouvrira le tout du drap funéraire de la commune, noir avec de longues franges blanches, on fermera les volets et on commencera à descendre vers le cimetière.

En passant devant les autres chalets, les habitants se joindront tous au convoi après avoir aussi fermé leurs volets. Longtemps on marchera dans la neige, le convoi s'arrêtera devant le cimetière puisque le cheval ne doit pas entrer et quatre hommes porteront le cercueil en terre.

Le pasteur dira quelques mots d'adieu sur cette dépouille, et de réconfort à ceux qui restent, on priera, puis on jettera les trois premières pelletées de terre glacée dans la fosse et on s'en ira tous à la salle des catéchumènes où les longues tables tendues des nappes de funérailles blanches, présentes dans tous les trousseaux des femmes de cette vallée, seront couvertes de bouteilles de vin d'Antagne, de navettes au sucre, de pain des fêtes et du meilleur fromage, celui que l'on garde pour les moments importants de la vie.

Tout le monde sera là, on mangera, on boira, on parlera, on chantera peut-être et puis arrivera l'heure de « gouverner » (traire les vaches, en français de Suisse Romande). Alors les uns après les autres, ils viendront saluer la famille de Louis et ils remonteront vers leur labeur, c'est que la vie n'attend pas.

Aujourd'hui: la mort de Madeleine

Madeleine approchait de ses 68 ans, elle avait eu une robuste santé toute sa vie ,qui n'avait pas été facile. Mais il y a 3 ans, ça s'était détraqué, le médecin l'avait envoyée à l'hôpital pour faire des analyses, puis il avait fallu y retourner pour une petite opération qui l'avait affaiblie.

Elle était rentrée chez elle dans le petit appartement de deux pièces, au 3e étage qu'elle occupait seule depuis la mort de son mari, cinq ans auparavant. Sa fille était mariée à Berne et son fils habitait Montreux avec sa femme et ses trois enfants. Comme ce n'était pas loin, son fils venait la trouver souvent, il arrivait aussi à Madeleine de prendre le trolley pour aller rendre visite à ses petits-enfants.

Mais le médecin n'était pas très content de l'évolution de la santé de Madeleine, il avait fallu retourner deux fois à l'hôpital. On avait fait des rayons, puis une « chimio », elle avait perdu un peu de ses beaux cheveux blancs. Puis, comme elle s'affaiblissait, on l'avait gardée, là-bas.

Un jour le chef de service convoqua ses enfants pour leur dire que tous les efforts avaient été tentés mais que le mal avait gagné et qu'il fallait voir comment on allait faire pour la suite. Madeleine disait: « Je veux rentrer à la maison puisqu'on ne me fait rien ici. Chez moi ou alors chez un de mes enfants, je ne gênerai pas... »

« Mais chez nous ça n'est pas possible, avait dit la belle-fille, quatre pièces avec trois enfants c'est déjà juste, et le dernier est encore petit, et puis elle sera mieux soignée ici, de toute façon moi, je ne saurai pas faire ce qu'il faut... »

« A Berne tu serais perdue », avait dit la fille.

Le fils avait parlé à sa mère: « Ecoute maman, tu vois bien que ce n'est pas possible, nous on voudrait bien, mais... Et puis tu es bien mieux soignée ici, les infirmières sont gentilles, hein, elles sont gentilles... » Madeleine avait murmuré: « Bien sûr qu'elles sont gentilles... mais j'aurais quand même bien voulu... mais je comprends. »

Ce soir-là, après le départ de son fils elle avait pleuré, juste un peu.

La veilleuse lui avait demandé: « Madeleine vous pleurez, ça ne va pas ? » « ce n'est rien » avait répondu Madeleine.

Elle avait des visites presque tous les jours. Vers la fin de l'hiver, son état s'était aggravé, l'hôpital avait prévenu les enfants et la fille était venue de Berne, elle était restée trois jours et puis elle était repartie. « Vous comprenez la vie continue là-bas, mais appelle-moi dès qu'il y a du nouveau... »

Le surlendemain à l'aube son frère l'avait appelée au téléphone. « Oui, cette nuit, on n'a pas eu le temps d'arriver avant, mais elle n'a pas souffert, pauvre maman...

« Oui l'hôpital s'occupe de tout, j'ai rendez-vous à 8 h avec les pompes funèbres, il y a beaucoup de détails à régler. Oh ! Je pense que l'ensevelissement aura lieu jeudi. Tu arrives à quelle heure ?... »

Il était allé la chercher au train... « On passe à l'hôpital pour la voir... » Là-bas on leur avait dit: « Bien sûr vous pouvez la voir, mais pas avant 11 h, on est en train de la préparer ».

« Oh ! Maman que tu es belle », avait dit la fille en l'embrassant. « On dirait qu'elle dort », avait dit le fils et puis on avait refermé le rideau de la morgue de l'hôpital, au sous-sol juste avant la chaufferie...

« Ma femme ne veut pas venir la voir, elle aime autant garder le souvenir de quelqu'un de vivant et on pense qu'il vaut mieux que les enfants ne voient pas leur grand-mère comme ça non plus », avait dit le fils.

« J'ai fait les démarches urgentes, le pasteur passera ce soir... il faut rédiger le faire-part, sans oublier personne et choisir un verset... établir la liste des gens à qui on l'envoie... l'imprimeur veut tout ça avant demain 9 h du matin... L'ensevelissement aura lieu jeudi... culte à 14 h 15, honneurs à 14 h 45... Il faut aussi qu'on téléphone au café de l'Ecu pour la collation, on prend des flûtes et des petits pains ou on demande aussi des canapés... il faut que quelqu'un reste à la maison pour les téléphones de la famille, et les visites. »

« Les pompes funèbres demandent si tu veux garder son alliance ou si on la lui laisse... j'ai choisi le deuxième prix pour le cercueil, je crois qu'il fera bien... J'ai aussi dit que j'irai seul à la mise en bière avec tout le travail qu'on a... »

A la fin de la prédication, pendant le morceau d'orgue, les employés des pompes funèbres avaient emporté les couronnes et les fleurs, puis il étaient venus chercher le cercueil. Alors toute l'assemblée s'était levée, le pasteur avait donné sa bénédiction et tout le monde s'était assis. L'orgue avait joué encore un morceau triste et le maître de cérémonie était entré pour annoncer: « Les honneurs seront rendus devant l'église, ils se feront sans toucher la main. Après l'ensevelissement qui aura lieu au cimetière, la famille invite tous les proches et les amis à venir partager ensemble un moment de souvenir au café de l'Ecu. »

A la fin du défilé, le corbillard avait fait les 300 mètres qui séparent l'église du cimetière et la mise en terre avait eu lieu. Le pasteur avait lu un passage de la Bible, fait une prière et on avait descendu le cercueil dans la fosse avec deux grosses cordes. Puis quelques personnes avaient jeté une poignée de terre et même des fleurs.

Au café de l'Ecu un cousin avait dit: « Il y a autant de monde ici qu'à l'église... » A six heures c'était fini et on était rentré chez soi...

« Pour le monument tu t'en occupes... Je reviendrai la semaine prochaine pour vider l'appartement » avait dit la sœur en montant dans sa voiture. On s'était embrassé... Ce fut une rude journée.

L'importance des gestes accomplis par la famille et les proches à l'égard du défunt

Le recours aux entreprises de pompes funèbres peut être utile et indiqué. Il faut savoir qu'il n'est pas obligatoire, sauf pour le transport du corps.

En général ces entreprises peuvent se charger :
– d'annoncer le décès à l'état-civil
– de fournir le cercueil et la mise en bière
– de transporter le corps à l'endroit prévu
– d'organiser les obsèques
– de faire publier les avis mortuaires et de faire imprimer les faire-part
– de prévoir les décorations florales
– de préparer le déroulement de la cérémonie
– de recueillir les lettres de condoléances.

Cependant, toute prestation a son prix et on peut limiter le nombre de prestations et, surtout, exiger des informations claires et des prix précis.

Toutes les fois que les proches, les membres de la famille peuvent accomplir eux-mêmes les gestes ultimes envers leur défunt ou au moins y participer, ils y découvrent une grande satisfaction et cela peut faciliter leur processus de deuil.

Ainsi les membres de la famille ont le droit :
– de prendre la responsabilité totale ou de participer aux tâches liées à la préparation du défunt
– de faire la toilette mortuaire
– d'habiller le défunt avec ses habits personnels
– d'être présents lors de la mise en bière
– de revoir le défunt dans la crypte ou la chambre mortuaire aussi souvent qu'ils le veulent (pendant les heures d'ouverture)
– de choisir le jour et l'heure de la cérémonie (dans les deux à cinq jours qui suivent le décès)
– d'assister à la fermeture du cercueil avant la cérémonie.
– de désigner des proches pour porter le cercueil
– de participer à l'élaboration de la cérémonie ou de la créer de toute pièce
– de disposer librement des cendres après la crémation
– d'arranger le corps du défunt en le coiffant, en lui croisant les mains, en déposant des fleurs, une lettre, un dessin, une

photo, un chapelet, un crucifix, une Bible ou des insignes particuliers comme le tablier des francs-maçons, des insignes militaires ou des bijoux dans le cercueil.

Pour les membres de la famille, la participation active aux rites du deuil peut être extrêmement apaisante. Cela peut-être un moyen d'accompagner le défunt jusqu'au bout, cela peut être une manière de faire pour lui d'ultimes gestes d'amour.

Après avoir médicalisé la naissance, nous risquons de nous laisser déposséder des rites de la mort par de nouveaux professionnels. Leurs services sont d'une très grande utilité. Cependant, ce sont les membres de la famille qui doivent rester maîtres des événements liés à la mort d'un des leurs, dans toute la mesure du possible.

LA SPIRITUALITÉ ET LE DEUIL

Car déjà, accepter de mourir, c'est admettre la possibilité d'un sens à la mort. Tant qu'on la nie, tant qu'on cède à la peur, on affirme qu'elle n'a pas de sens, qu'elle est invivable, odieuse, inhumaine.

Mais l'admettre, c'est considérer la mort comme une question à laquelle il peut y avoir une réponse.

Louis Evely

Louis Evely le souligne bien : la mort est une question ! La plus grande des questions, la plus angoissante. Tout ce qui vit doit mourir, on l'accepte lorsqu'il s'agit d'une mort au terme de la vie, d'une mort qui se présente lorsqu'on est « rassasié de jours », selon l'expression du psalmiste.

Mais quel est le sens, la raison d'une mort d'enfant, de la mort d'un père ou d'une mère d'enfants en bas âge, d'une personne très utile à la société qui s'en va dans la force de l'âge ? Comment comprendre les morts par accident, celles que produisent les guerres et la violence ? Celles qui sont précédées d'années de souffrance ou de démence ?

Au cours de notre travail avec des groupes de personnes en deuil, combien de fois avons-nous entendu des phrases comme celles qui suivent.

« Pourquoi Dieu m'a-t-il pris mon enfant ? »

« Comment un Dieu d'amour peut-il laisser mourir mon mari ? »

« Si Dieu existait, il n'aurait jamais permis les camps de concentration où mes grands-parents sont morts ! »

Même lorsqu'une personne déclare n'avoir aucune croyance religieuse, l'expérience de la mort et du deuil pose des questions existentielles auxquelles on ne peut pas échapper.

Dès lors, les croyances que l'on a, la foi qui est la nôtre peuvent influencer négativement ou positivement le processus du deuil.

Les croyances qui influencent négativement le processus de deuil

Marianne était inconsolable. L'un de ses jumeaux âgé de 3 ans s'était noyé dans la piscine de sa maison. L'impensable s'était produit. Elle qui avait pris tant de précautions, qui avait toujours recouvert la piscine d'un grillage cadenassé pour éviter tout accident, elle avait laissé le grillage entrouvert parce qu'un employé du service des eaux devait effectuer une vérification.

C'est dans un instant où la piscine avait été sans surveillance que Jérôme était tombé et s'était noyé.

Marianne ressentait une culpabilité terrible mais surtout, elle en voulait à Dieu. Élevée dans un pensionnat tenu par des religieuses, elle avait appris que Dieu ne permettait pas qu'on pratique un avortement et surtout qu'il manifestait sa colère en enlevant un enfant vivant au couple pour les punir lorsqu'on enfreignait sa loi, et elle avait enfreint sa loi.

« Œil pour œil, dent pour dent », voilà le fonctionnement du Dieu qu'on lui avait présenté ! Alors Marianne n'en voulait plus de ce Dieu ! Elle si pratiquante, avait refusé un service religieux, elle ne voulait plus rien savoir de ce Dieu ogre qui noyait les petits enfants.

Lorsque nous l'avons rencontrée dans un groupe de soutien aux endeuillés, Marianne était encore dans une colère terrible, elle avait des problèmes relationnels avec son mari, et son fils présentait divers troubles de comportement.

Nous l'avons invitée à exprimer toute sa colère envers Dieu et surtout nous lui avons présenté un autre visage de Dieu, celui qui transparaît dans les Evangiles, un Dieu d'amour et de compassion. Petit à petit, Marianne a pu se réconcilier avec ce Dieu qu'on lui avait travesti. Elle a pu entrer en contact avec un prêtre et faire dire une messe pour Jérôme, à laquelle elle et son mari ont invité tous leurs parents et amis.

De nombreuses autres sortes de croyances compliquent le processus de deuil :

- Celle qui veut que Dieu reprenne à lui ceux qu'il aime, car il en a besoin auprès de lui.

- Celles qui touchent à qui va au paradis et qui va en enfer :

– « Il s'est suicidé, Dieu ne le voudra pas auprès de lui »

– « Elle n'avait pas été baptisée, elle n'aura pas accès au Paradis. »
– « Il est mort sans recevoir les derniers sacrements, cela m'angoisse tellement ! »
– ou encore : « Il n'avait pas accepté Jésus-Christ dans son cœur, j'ai peur qu'il aille en enfer ! »

Toutes ces croyances, souvent erronées, ne sont plus celles que prêche l'Eglise, mais elles restent souvent bien prégnantes dans la société qui nous entoure et elles compliquent la vie de nombreux endeuillés.

Les croyances qui influencent positivement le processus de deuil

Claudel l'a si bien écrit : « Dieu n'est pas venu pour expliquer la souffrance, mais pour la remplir de sa présence. »

Nous vivons dans un monde fragile et imparfait, et souvent incompréhensible, rien n'est durable, tout peut chanceler et s'effondrer à tout instant.

En tant qu'être humain, nous sommes, en permanence, menacés de toutes parts et cela ne dépend pas, la plupart du temps, de nos pensées et de nos actions, mais bien du fait que nous sommes partie prenante de la communauté humaine. Le poète John Donne l'exprimait ainsi : « Ne demande jamais pour qui sonne le glas, il sonne pour toi ! »

Dieu ne joue pas à la courte paille, les peines et les joies sont notre destin à tous.

Cependant, au cœur des ténèbres, au cœur de la souffrance, nous ne sommes pas seuls. Dieu, par son Fils est venu nous y rejoindre, nous apporter sa présence, son réconfort, la certitude de la Résurrection. Un auteur anonyme décrivait cette présence à l'aide de la métaphore suivante :

Traces de pas

Une nuit, un homme eut un rêve. Il rêva qu'il marchait le long d'une plage avec son Maître.

Dans le ciel, comme des flashes, il vit des scènes de sa vie.

Pour chaque scène, il remarqua sur le sable deux paires de traces de pas: l'une était la sienne, l'autre celle de son Guide. Lorsque la dernière scène de sa vie apparut devant ses yeux, il regarda en arrière ces marques de pas sur le sable. Il remarqua que souvent, tout au long du chemin de sa vie, il n'y avait eu qu'une seule trace... Il vit aussi que cela arrivait dans les moments les plus difficiles et douloureux de sa vie... Cela l'ennuya et il demanda à son Maître: « Maître, lorsque j'ai décidé de te suivre, tu m'as dit que tu marcherais avec moi tout au long du chemin. Mais j'ai remarqué que, pendant les moments les plus difficiles de ma vie, il y avait seulement une paire d'empreintes de pieds... Je ne comprends par pourquoi tu m'aurais quitté lorsque j'en avais le plus besoin... »

Le Maître répondit: « Mon enfant, tu as mal interprété ce que tu as vu. Il est vrai que durant les moments heureux je marchais à tes côtés et te montrais le chemin, mais lorsque les choses allaient mal... c'est moi qui te portais... »

Ademar de Barros

Savoir que nous ne somme pas seuls, que quelqu'un partage notre peine, marche avec nous à travers la sombre vallée de la mort, cela n'enlève pas la souffrance du deuil, cela ne raccourcit pas le chemin. Le tunnel du deuil est à parcourir dans toute sa longueur, mais une lumière nous accompagne.

LES MOYENS QUI AIDENT À VIVRE LE DEUIL

La vie est plus un consentement
qu'un choix.
On choisit si peu…
On dit oui ou non au possible
qui nous est donné.
La seule liberté de l'homme,
c'est de tenir la voile tendue
ou de la laisser choir.
Le vent n'est pas de nous.

Abbé Pierre

Le chemin du deuil est bien difficile à parcourir. Les endeuillés se plaignent souvent de fatigue, d'abattement, de sentiment de dépression.

De récentes découvertes ont mis en évidence l'augmentation de la vulnérabilité de la personne en deuil due à un système de défense affaibli par le traumatisme de la séparation. C'est pourquoi, la plupart des spécialistes recommandent de prendre en compte six aspects tout particulièrement importants.

1. Il est extrêmement important pour l'endeuillé de pouvoir parler, partager, communiquer sa peine.
   Lorsque les relations familiales permettent ce partage, c'est, bien sûr, idéal. Cependant, cela n'est pas possible dans de nombreuses familles. Chacun est affecté par le deuil subi et ne trouve pas la force d'offrir du soutien à ceux qui l'entourent. C'est à ce moment là qu'un groupe de parole ou de soutien peut être d'une très grande aide. Se retrouver régulièrement pour une période donnée avec d'autres personnes qui partagent la même expérience, permet d'être écouté et de cheminer vers un mieux-être (voir adresses des groupes en annexe).

2. Parce que le stress du deuil peut amener une déshydratation et un affaiblissement du système de défense de l'organisme, il est essentiel de boire assez, jusqu'à 2 litres *d'eau* par jour.
   Des cafés, ou des breuvages alcoolisés ne peuvent pas faire l'affaire, c'est l'eau qui est la plus appropriée.

3. Malgré le manque d'appétit ou au contraire le désir de compenser le vide ressenti par de la nourriture, le meilleur moyen de se sentir bien physiquement est de se nourrir sainement, de prendre le temps et de faire l'effort de se préparer des repas équilibrés.
   Ceci est spécialement important pour les veufs et les veuves qui se retrouvent seuls face à leur repas et qui ont

tendance à le remplacer par du pain beurré et du café au lait. Il vaut mieux se laisser inviter par des amis ou manger au restaurant, lorsqu'on peut se le permettre financièrement, que de grignoter des aliments peu adéquats.

4. Il n'y a pas de substitut pour un bon sommeil réparateur. Une personne en deuil a besoin de pouvoir dormir et se reposer. De nombreuses tisanes aident à se détendre et peuvent être indiquées par le droguiste ou le pharmacien. Parfois, il suffit d'écouter une cassette de relaxation avant de s'endormir.

5. Même si cela peut paraître difficile à faire à première vue, une personne en deuil peut trouver beaucoup d'apaisement à pratiquer un exercice physique comme la marche. Marcher 20 à 30 minutes tous les jours, cela aide à maintenir le bon fonctionnement de l'organisme. Cette marche peut aussi constituer une forme de méditation. Elle peut être effectuée seul ou en compagnie d'une personne capable d'écoute et de présence paisible.

6. Lorsqu'on vient d'apprendre la mort d'un proche ou que l'on ressent de la panique ou la crainte de perdre le contrôle, on peut avoir recours aux gouttes d'urgences (Elixir Floral d'Urgence) créées par le Dr Bach. Cet élixir permet aux énergies complètement perturbées en raison du traumatisme de retrouver une harmonie suffisante pour que l'organisme puisse reprendre ses activités normales de guérison (on peut trouver cet élixir dans de nombreuses drogueries et pharmacies).

Se préparer pour les fêtes et les vacances

C'est surtout lors des fêtes et des vacances que le chagrin du deuil se manifeste fortement.

C'est pourquoi, il est recommandé de se préparer pour ces moments particuliers.

Comment la famille vivra-t-elle Noël? le Nouvel-An? l'anniversaire de la mort du défunt? les vacances?

Chaque famille trouve ce qui lui convient le mieux.

En général, plus on parle librement de la personne décédée et plus l'atmosphère peut se détendre.

Lors d'un repas de famille organisé pour Noël peu de temps après la mort de la grand-maman, et réalisant qu'une vague de tristesse parcourait la pièce, le fils aîné dit à haute voix: «Je crois que nous pensons tous, en ce moment, à la même personne, c'est la première fois que nous célébrons Noël sans maman. Elle n'est pas visible, mais elle est bien présente dans chacun de nos cœurs.»

Cette simple phrase permit à chacun de se sentir compris dans sa peine, et l'ambiance changea immédiatement.

Aujourd'hui, de multiples possibilités existent pour se faire aider dans le chemin du deuil, il suffit d'oser demander, de téléphoner, le soutien est à proximité.

SE PRÉPARER AU DEUIL

Tant que je me crois immortel, je n'ai pas à choisir
dans tout ce qui m'occupe ou me distrait ;
j'ai tout mon temps. La pensée de la mort introduit
une sommation de choisir, une interrogation :
« Qu'est-ce qui m'est essentiel ? »,
une réquisition de transcendance :
« Ai-je de quoi affronter la mort » ?
« Qu'est-ce que vivre et qu'est-ce qui vaut mieux
que la vie » ?
Réfléchir sur la mort, c'est apprendre à vivre.

Louis Evely

Notre société nous prépare très mal à la perte. Nous apprenons à gagner, à acquérir, à réussir, mais personne ne nous rappelle que vivre, c'est aussi PERDRE.

La perte est inévitable, tout ce qui vit meurt. Malgré cela, tout est mis en œuvre pour nous faire oublier que nous vieillissons et que nous mourrons. Lorsque la perte ou le deuil nous assaillent, ceux qui nous entourent nous encouragent à passer plus loin :

« Ce qui est fait est fait ! »
« La vie continue. »
« N'ennuie pas les gens avec ta peine. »

La vie offre des occasions d'enseigner aux enfants à faire face à la perte, mais de nombreux parents ne les utilisent pas.

Il y a quelques mois, une collègue avait l'air particulièrement pressée à la fin d'un cours. Alors que nous lui en demandions la raison, elle nous dit qu'elle devait absolument aller acheter un canari orangé avant de rentrer chez elle, car celui de son fils était mort dans sa cage ce matin-là et elle avait l'intention de substituer le nouvel oiseau avant que son fils ne rentre de l'école.

La mort d'un petit animal aurait pu servir d'expérience de gestion de la perte pour son fils, mais cette collègue préférait ne pas causer de chagrin à son enfant en lui enlevant la possibilité d'apprivoiser la mort.

Les messages souvent donnés à ceux qui sont en deuil sont :

- S'il te plaît, ne sois pas triste.
- Si tu dois pleurer, fais-le seul.
- Avec le temps, tu verras, ça passera.
- Sois fort pour les autres.
- Occupe-toi, n'y pense plus.

Il est urgent de réintroduire la notion de perte dans la vie d'aujourd'hui.

On ne peut pas directement se préparer à bien vivre un deuil. On peut, cependant, apprendre à faire face aux pertes, à trouver des ressources intérieures, on peut apprendre à vivre ses émotions, à les partager avec les autres et surtout, on peut apprendre à communiquer avec ceux qui nous entourent, à se dire les choses.

Un auteur écrivait un jour la phrase suivante qui nous est restée : « Ce qui rend les morts si lourds dans leur cercueil ce sont tous les mots qu'ils n'ont pas prononcés. »

Combien de fois avons-nous entendu des endeuillés nous confier : « Je n'ai pas eu le temps de lui dire que je l'aimais ! »

Combien d'années faut-il vivre avec quelqu'un pour lui exprimer cette simple phrase ?

Se préparer au deuil, c'est cultiver des relations interpersonnelles de qualité, des relations au cœur desquelles le partage d'âme à âme soit possible. Ainsi, quand « la grande faucheuse » s'avancera et qu'un être aimé nous sera enlevé, nous pourrons nous dire : « Je ne regrette rien de notre relation. »

En apprenant à faire face à nos propres pertes, peut-être saurons-nous mieux soutenir ceux qui passent par le deuil.

Si souvent, nous avons peur des émotions des autres, nous tentons de parler avec eux d'autre chose, nous intellectualisons et des mots maladroits s'échappent de nos lèvres :

« Sois heureuse que tu aies un autre enfant. »

« Elle a eu une vie bien remplie. »

« Sois reconnaissante de l'avoir eu si longtemps avec toi. »

« Tu es jeune, tu referas ta vie ! »

Ces phrases ne devraient jamais être prononcées, elles font mal et elles témoignent d'une méconnaissance totale de ce que peut représenter un deuil pour celui qui le vit.

Se préparer à la perte et au deuil, c'est devenir conscient, c'est reconnaître ce que l'on ressent, c'est partager avec des personnes de confiance, c'est surtout vivre pleinement chaque instant de la vie en sachant qu'il peut être le dernier.

CULTIVER LE SOUVENIR DU DÉFUNT

Il me vient une impression étrange à l'idée qu'un jour, dont j'ignore s'il est proche ou encore lointain, tout ce monde où je vis aujourd'hui, tous ces paysages, cet espace, ce décor que j'aime, continueront à être semblables à eux-mêmes et vides de ma présence. Mais peut-être, après tout, leur persistance sera-t-elle ma manière, à moi aussi, de continuer à être.

André Berge, *Réminiscences*

Il s'agit là d'une approche complexe en relation avec le deuil. La personne défunte a existé, elle avait une grande place dans la famille au milieu de ses proches et dans sa communauté.

Ceux qui l'ont aimée voudraient qu'on garde en vie sa mémoire. En même temps, l'évocation du défunt peut stimuler beaucoup de tristesse chez ceux qui l'aimaient. Aussi a-t-on tendance à taire le nom de celui qui est mort et à parler d'autre chose.

Nous avons rencontré des endeuillés nombreux qui auraient tant voulu qu'on parle avec eux de cette personne disparue.

Parler de la personne décédée en famille

Peu après le décès, chacun cherche des photos, des objets, des souvenirs du défunt. C'est comme s'il était nécessaire de matérialiser cette personne par tous les moyens, de l'idéaliser aussi, de mettre en avant ses qualités, tous les aspects positifs de sa vie. Puis, à mesure qu'avance le travail de deuil, le défunt reprend sa place d'être pleinement humain, avec des défauts et des qualités. Le plus souvent, le nombre de photos exposées diminue, ceux qui aimaient le défunt construisent au plus profond d'eux-mêmes une relation particulière avec lui et il arrive un moment où le défunt est une présence intérieure et où les photos et autres souvenirs extérieurs perdent un peu de leur importance.

A l'intérieur de la famille, il est recommandé de faire vivre la mémoire du défunt de manière très naturelle :

- En incluant le défunt dans la prière du soir qu'on fait avec les enfants.
- En continuant son œuvre.
- En incluant sa présence dans les conversations quotidiennes :

– « Tu chantes aussi bien que ta maman. »
– « Ton père serait très fier de toi ! »
– « C'est la confiture que maman préférait. »
– « Grand-père serait heureux de voir que sa vigne prospère. »

Il y a 30 ou 40 ans, on donnait volontiers le prénom d'une personne décédée à un nouveau-né. Cette coutume n'a plus cours aujourd'hui, et heureusement, car porter le prénom d'un ascendant peut représenter un poids psychologique important.

On peut, par contre, donner le prénom d'un défunt aimé comme deuxième ou troisième prénom.

Prier pour les morts

De nombreuses religions préconisent la prière pour les morts.

Dans le judaïsme, on encourage les actions méritoires au bénéfice de l'âme du disparu.

Dans le catholicisme, on peut faire dire des messes afin de recommander son âme à Dieu.

Dans l'orthodoxie, on fait des offices du souvenir, suivis d'une collation, à la date anniversaire du décès.

Dans le bouddhisme, le transit du défunt vers une nouvelle destination dure 49 jours. Durant cette période, de multiples rituels sont organisés. Chaque année, à la date anniversaire du décès, un repas familial est organisé au domicile du fils aîné du défunt. A cette occasion, des offrandes sont déposées sur les autels du Bouddha et des ancêtres.

Il n'y a guère que le protestantisme qui, à part le service funèbre, n'organise aucune célébration religieuse à l'intention du défunt.

Ainsi, chacun se souvient de ses morts à sa façon.

C'est souvent peu après le décès que les endeuillés voudraient pouvoir « faire quelque chose » pour le défunt.

Bien sûr, on peut veiller auprès de son corps, lui parler, le fleurir, le parfumer, l'embaumer, dire des prières pour lui, parfois cela ne semble pas suffire.

Nous avons souvent proposé à des endeuillés la possibilité de pratiquer ce que les bouddhistes tibétains nomment le p'owa, en l'adaptant à la religion chrétienne. Il s'agit d'une méditation qui apporte beaucoup de calme et de sérénité chez celui qui vit la douleur du deuil et qui est peut-être, (qui peut le dire ?) bénéfique pour celui qui vient de mourir.

Le P'owa se pratique ainsi :

« Installez-vous sur une chaise au dossier droit et faites silence à l'intérieur de vous. Centrez-vous sur votre respiration. Laissez monter en vous de la compassion pour vous-même qui souffrez et pour celui qui est mort.

Puis visualisez la personne aimée défunte, assise devant vous et invoquez, au-dessus d'elle, la présence rayonnante du Christ. Demandez à cette présence rayonnante de libérer cette personne de la détresse ou de la souffrance liée à sa mort.

Visualisez que le Christ envoie vers le défunt des rayons lumineux d'un éclat extraordinaire qui le bénissent et le purifient.

Petit à petit, l'image du défunt devient totalement lumineuse. Puis son corps et son esprit s'élèvent et se fondent dans le cœur de la présence divine.

Lorsque vous faites cette méditation, pensez aussi à tous ceux, qui sont morts dans la solitude ou l'angoisse, étendez votre compassion à tous les êtres et priez pour eux. »

Cette méditation est extrêmement apaisante chaque fois que l'on pense à la personne décédée et qu'on est envahi par la crainte et la tristesse. Elle peut être accomplie par une personne ou, mieux encore, par un groupe de personnes.

Saint Augustin le disait si bien :

« Les morts sont des invisibles, ils ne sont pas des absents. »

C'est dans la mémoire et le cœur de ceux qui restent qu'ils continuent à vivre.

QUESTIONS FRÉQUEMMENT POSÉES ET RÉPONSES À PROPOS DU DEUIL

Un vieil homme marchait à l'aube sur une plage immense lorsqu'il aperçut une jeune femme qui ramassait des étoiles de mer et les lançait dans l'eau. S'approchant d'elle, l'homme lui demanda la raison de son geste. Elle lui répondit que les étoiles de mer mourraient si elles demeuraient sur le sable au soleil.
« Mais la plage s'étend sur des kilomètres et les étoiles de mer sont innombrables, observa le vieil homme. Qu'est-ce que ça peut changer pour elles ? »
La jeune femme regarda l'étoile de mer qu'elle tenait à la main et la jeta à l'abri dans l'océan.
« Pour celle-ci, ça change tout, dit-elle ».

Rapporté par Albina du Boisrouvray,
fondatrice de l'Association François-Xavier Bagnoud

1) Que veut dire exactement « faire son deuil » ?

C'est vivre l'ensemble des réactions provoquées par une perte affective importante, et le processus psychologique par lequel il est possible de se détacher progressivement de la personne, du but ou de l'objet définitivement perdu.

« Faire son deuil » – on dit aussi « faire le travail du deuil » – c'est traverser une crise importante de la vie, qui apporte beaucoup de chagrin et qui exige le développement de capacités d'adaptation importantes.

2) Quelles sont les étapes du deuil ?

Il existe de multiples théories concernant ces étapes. Cependant, toutes concordent pour reconnaître trois grands moments dans le processus de deuil :

1. Une phase de rupture, de déstabilisation, dans laquelle l'endeuillé devient conscient des conséquences de la perte et des changements à vivre.
2. Une phase d'errance, de recherche, de lente adaptation à la situation. C'est dans cette phase que la personne se redéfinit, modifie sa vie et retrouve petit à petit l'équilibre intérieur.
3. Le nouveau commencement : c'est durant cette phase que l'endeuillé se rétablit et se prépare à réinvestir son énergie de vie dans de nouvelles relations ou dans la poursuite de nouveaux buts.

3) Pourquoi y a-t-il tant de différences dans la manière de faire le deuil entre les membres d'une même famille ?

Tout d'abord parce que les réactions de deuil dépendent de la personnalité de la personne en deuil, de ses expériences, de ses valeurs, de ses croyances. Tous les membres de la famille ont un âge différent, un sexe différent, et une histoire de vie différente.

Ensuite, parce que les relations que chaque membre de la famille entretenait avec l'endeuillé étaient différentes : perdre une mère est bien différent de perdre son épouse, sa fille ou sa belle-fille.

4) Combien de temps dure le travail de deuil

Il n'est pas possible de répondre précisément à cette question.

Certains théoriciens proposent une fourchette de temps qui va de 18 mois à trois ans. En réalité, certains processus de deuil prennent beaucoup plus de temps et restent tout à fait dans la normalité.

Parfois aussi, le pré-deuil, la période pendant laquelle on a accompagné la personne en fin de vie, a duré si longtemps que le travail de deuil est déjà très avancé lors du décès de la personne. On trouve fréquemment cette situation lorsque le défunt était atteint de la maladie d'Alzheimer.

5) Quand est-ce qu'un deuil devient pathologique ?

Lorsqu'un endeuillé reste complètement bloqué et ne peut entrer dans le travail ou lorsque ses réactions sont inappropriées, par exemple lorsqu'il y a :

- déni total du décès
- aucune manifestation de chagrin
- perte de contact avec la réalité
- alcoolisation grave, toxicomanies
- idées suicidaires
- autodestruction déguisée (refus de s'alimenter, prise de risque sur la route ou en pratiquant un sport)
- identification à la maladie du défunt
- crises d'angoisse
- évitement de tout ce qui a appartenu au défunt
- panique lors de la maladie d'un proche
- maladie grave survenant après la perte.

Lorsque deux ou plusieurs symptômes sont présents, il est nécessaire de faire appel à un thérapeute connaissant bien les problèmes liés au deuil.

6) Que peut-on faire lorsqu'on n'a pas pu dire des choses importantes au défunt qui est mort subitement ?

On peut écrire une lettre dans laquelle on dit tout ce qu'on aurait voulu pouvoir dire de vive voix.

Le mieux est de trouver un endroit tranquille et de l'écrire sans interruption, en s'adressant directement au défunt :

« Cher papa,

J'aurais tant voulu te dire plein de choses avant que tu ne meures... etc. »

Si c'est possible, il est utile de la lire à haute voix devant le cercueil ou devant la tombe ou dans un lieu que le défunt aimait.

Puis, il est important de brûler cette lettre.

Cette action apporte beaucoup de réconfort et le sentiment d'avoir pu clore la situation.

7) Est-ce permis par la religion de tenter de communiquer avec les morts ?

C'est une question bien complexe à laquelle le Père Jean Vernette, prêtre spécialiste des nouvelles formes de religiosité, répond en proposant des éléments à la lumière de la foi chrétienne dans son ouvrage :

Peut-on communiquer avec l'au-delà ?

Éd. du Centurion, Paris, 1990.

Pour cet auteur, nous n'avons pas besoin d'un médium pour entrer en contact avec les morts, il nous suffit de prendre conscience d'une présence qui ne cesse jamais, une présence spirituelle en nous.

C'est à la vie présente que nous devons notre énergie et non à des tentatives de recherche de contact avec les morts.

8) Faut-il emmener un enfant voir une personne décédée ?

S'il s'agit d'une personne de la famille, un proche, il est recommandé de montrer le corps de cette personne à l'enfant plutôt que de lui cacher cette réalité.

Il y a, bien sûr, des conditions :

- que le cadavre ne soit pas défiguré
- qu'on invite l'enfant, sans jamais l'obliger
- qu'on lui explique, avec des mots qu'il peut comprendre, ce qui s'est passé
- qu'il y aille avec un adulte en qui il a confiance et qui ne soit pas angoissé.
- qu'on n'oblige pas l'enfant ni à toucher ni à embrasser le mort.

Ce n'est pas le cadavre qui est choquant à voir pour l'enfant, ce sont tous les non-dits, les angoisses, le fait d'être laissé de côté.

Il en est de même pour le service funèbre : l'enfant a besoin d'être inclus, d'être avec les autres, il a besoin d'avoir des explications, d'être écouté concernant son ressenti.

Si l'enfant est très jeune, il faut simplement prévoir une personne de confiance qui sortira du service funèbre avec lui lorsqu'il deviendra impatient et qui s'en occupera dans les heures qui suivent, tout en restant proche des autres membres de la famille.

9) Lorsqu'une personne est morte par suicide, doit-on en parler avec les enfants ?

La franchise est toujours préférable au mensonge. Bien sûr, on prendra des précautions pour parler des circonstances du décès.

Les informations précises peuvent être données petit à petit en répondant aux questions de l'enfant.

Des observations faites sur des enfants endeuillés, qui avaient perdu leur mère par suicide, démontrent clairement que ceux qui avaient été mis au courant avec franchise et sensibilité vivaient mieux leur deuil que ceux à qui on avait caché la cause de la mort.

10) Comment expliquer la mort à l'enfant ?

La compréhension de la mort est différente aux différents âges de l'enfant. C'est souvent à travers une métaphore qu'on peut expliquer à l'enfant ce qui se produit.

Le papillon

La personne décédée peut être comparée à une chenille. Un jour cette chenille sent en elle une transformation qui s'annonce. Elle cherche un endroit confortable et, petit à petit, forme un cocon, à l'intérieur duquel on ne peut plus la voir. Vu de l'extérieur le cocon paraît immobile. En réalité une très grande transformation s'y produit.

Au bout d'un certain temps, le cocon s'ouvre et un magnifique papillon s'envole et va aller se poser de fleur en fleur. La chenille a commencé une nouvelle vie, elle est libre, elle n'a plus à ramper, elle peut voler.

Les autres chenilles ne comprennent pas ce qui s'est passé, elle ne reconnaissent pas leur parente et pourtant elles vivront toutes cette expérience à un moment donné.

« Ce que la chenille appelle la fin du monde, le Maître l'appelle un papillon. » Richard Bach

Le bébé

Le petit enfant ne se rappelle pas le temps où il était dans le ventre de sa mère, là où il ne respirait pas et ne parlait pas. Puis un jour, il a passé d'un monde aquatique à un monde aérien.

Cependant, l'enfant vivait avant sa naissance, il vivait différemment. Il en est de même pour la personne qui meurt, elle va passer à une autre vie que personne ne connaît et qui n'en est pas moins réelle.

Ce qu'il faut éviter à tout prix lorsqu'on explique la mort à un enfant

- Eviter de comparer la mort au sommeil, ne pas dire : « Il s'est endormi » car l'enfant peut avoir peur de s'endormir et de mourir durant son sommeil.

- Eviter de dire que « Jésus est venu le chercher » ce qui soulève des « pourquoi » et crée de l'angoisse.
  L'enfant accepte très bien l'utilisation du terme le plus exact : « Il est mort. »

11) Comment peut-on aider une personne en deuil ?

1. En l'écoutant ;
2. en lui rendant des services pratiques ;
3. en acceptant l'expression de ses émotions ;
4. en lui téléphonant de temps en temps ;
5. en lui envoyant de petits mots qui lui permettent de savoir qu'on pense à elle.

12) Quoi dire sur une carte de condoléances ?

Éviter tout conseil, toute considération philosophique, toute référence biblique lorsqu'on n'est pas certain de l'appartenance religieuse de la personne.

Ce qui est important, c'est de faire savoir à la personne qu'on est en pensée avec elle et qu'on est disponible si elle a besoin de quoi que ce soit.

Une personne en deuil est très sensible et vulnérable et trop souvent les phrases que lui écrivent ceux qui ne sont pas dans sa situation peuvent être mal perçues.

CONCLUSION

Vivre un deuil dans la famille, c'est souvent traverser un cataclysme, une des crises les plus profondes qui soient.

Cette crise se produit un jour ou l'autre dans toutes les familles, car tous ceux qui vivent doivent mourir une fois.

Malgré cette certitude, le deuil nous prend toujours au dépourvu. Que de questions, que de doutes, que de regrets possibles, que d'erreurs commises, tout particulièrement avec les enfants !

A travers les chapitres qui précèdent, nous avons tenté d'aborder les aspects les plus courants de tout ce qui caractérise les deuils vécus dans la famille.

Il y aurait tant à dire encore ! Nous avons peu souligné, par exemple, l'expérience de croissance que peut représenter le deuil. Au cours des centaines de rencontres que nous avons eues avec des endeuillés au cours des années, nous avons eu le privilège de côtoyer des personnes qui avaient développé une capacité peu commune de compassion pour les autres, qui avaient réorienté leur vie après avoir vécu l'expérience du deuil, car à travers elle, ils avaient pu découvrir ce qui était essentiel pour eux. Ils avaient pu faire la part dans leur vie, d'une manière très claire, entre le dérisoire, auquel ils avaient accordé beaucoup d'énergie, et l'essentiel qu'ils avaient parfois oublié et auquel ils désiraient consacrer leur vie dorénavant.

Vivre le deuil, croître et mûrir, à travers cette épreuve, c'est une vraie possibilité !

Nous formons le vœu que ce petit ouvrage puisse être utile et qu'il apporte quelques éléments de réponse aux questions nombreuses qui se posent à chacun lors d'un deuil dans la famille.

TROUVER DES RESSOURCES POUR MIEUX VIVRE LE DEUIL ET SE FORMER À L'ACCOMPAGNEMENT

Pour vivre un deuil

En Suisse
Association « Vivre son deuil »
Tel. : (41)079 412 39 63
Case postale 98
1350 Orbe (Suisse)

Cette association peut renseigner sur les ressources existant en Suisse Romande concernant tout ce qui touche au deuil (groupes de soutien et autres associations).

Elle publie aussi un répertoire des ressources pour mieux vivre son deuil.

En France
Association « Vivre son deuil »
Tel. : 01 42 38 08 08
7, Rue Taylor
F-75010 Paris

Cette association donne toute information utile sur les ressources existant en France.

Pour se former

En Suisse :

Institut de Recherche et de Formation à l'Accompagnement des Personnes en deuil, en fin de vie et en crise : (IRFAP)

Tel. :	024 441 83 89
Fax :	024 441 81 72
Adresse :	IRFAP Case postale 98 1350 Orbe

En France :

« Vivre son deuil »
7, Rue Taylor
F-75010 Paris

Pour participer à un groupe d'entraide et de formation

En Suisse :

Centre Formation-Transformation

Tel. :	021 843 38 28
Fax :	021 843 39 11
Adresse :	Centre Formation-Transformation 1338 Ballaigues (Suisse)
E-mail :	transform@span.ch

BIBLIOGRAPHIE

ARÈNES, Jacques
Dis, un jour moi aussi je mourrai ?
Paris – Éd. Fleurus – 1998

AUGAGNEUR, Marie-France
Vivre le deuil
Lyon – Éd. Chronique Sociale – 1994

CRENSHAW, David A..
Bereavement
New York – Crossroads – 1999

DANON-BOILEAU
De la vieillesse à la mort
Paris – Éd. Calmann-Lévy – 2000

FAURÉ, Christophe
Vivre le deuil au jour le jour
Paris – Éd. Albin Michel – 1995

FITZGERALD, Helen
The grieving child
New York – Fireside – 1992

HANUS, Michel
Les Deuils de la vie
Paris – Éd. Maloine – 1994

HANUS, Michel et Sourkes, Barbara
Les enfants en deuil
Paris – Éd. Frison Roche – 1997

JACOBS, Selby
Traumatic Grief
New York – Brunner/Mazel – 1999

POLETTI, Rosette et DOBBS, Barbara
Vivre son deuil et croître
Genève – Éd. Jouvence – 1993

SANDERS, Catherine M.
Grief: The morning after
New York – John Wiley and Sons – 1989

SARNOFF-SCHIFF, Harriet
Parents en deuil
Paris – Éd. Robert Laffont – 1984

SHAPIRO, Ester R.
Grief as a family process
New York – Guilford Press – 1994

SCRUTON, Steve
Bereavement and Grief
London – Edward Arnold – 1995

Livres pour enfants en deuil

Au revoir blaireau
de S. VARELY, chez Gallimard
pour enfants de 4 à 8 ans.

Grand-père est mort
de Dominique de SAINT-MARS et Serge BLOCH
Calligram-Gallimard
pour enfants de 5 à 9 ans environ.

Si on parlait de la mort
de Dr Catherine DOLTO-TOLITCH
Gallimard-Jeunesse
à raconter aux enfants de 3 à 6 ans
(avec de belles illustrations).

Tu dors Grand-mère ?
de Catherine FLOHIC et Pierre CORNUEL
Éd. Ouvrières
à lire à des enfants de 5 à 12 ans.

Leila
de G. LEMOINE et S. ALEXANDER
Gallimard-Jeunesse
pour des enfants de 7-8 à 12 ans.

Faustine et le souvenir
de S. PERNUSCH
Éd. Messidor
pour enfants de 6 à 10 ans

Il y a de plus en plus de livres d'enfants sur ce sujet. Il vaut la peine de les lire et de les évaluer avant de les donner à un enfant en deuil.

Il est toujours préférable de lire le livre à l'enfant et d'être disponible pour écouter les questions que la lecture pourrait susciter.

TABLE DES MATIÈRES

« L'aire de famille »

Collection dirigée par
Marie-Claude Fragnière et Michel Salamolard

Lieu de naissance et lieu de sens, avec les mutations qu'elle connaît aujourd'hui, la famille est, sous toutes ses formes, le miroir et le laboratoire de la société actuelle et future. En donnant la parole à des spécialistes ayant également une pratique, cette collection couvre l'ensemble des sujets intéressant la famille et veut apporter des réponses humaines et constructives aux questions des parents, des grands adolescents, voire des enfants.

Titres déjà parus :

– Jacques de Coulon, *Clés pour apprendre. Réussir grâce à la sagesse égyptienne.*

– Denis Sonet, *Leur premier baiser. L'éducation affective des adolescents.*

– Claude Piron et Claude Ducarroz, *Vous, vos enfants… et Dieu. Quand la religion fait problème en famille.*

– José Davin, *Sa vie n'a pas de prix. Accueillir et accompagner la personne handicapée.*

– Marie-Françoise Salamin, *« Tout pour être heureux ! » Comment développer ses aptitudes au bonheur.*

– Xavier Thévenot, *Mon fils est homosexuel. Comment réagir ? Comment l'accompagner ?*

Achevé d'imprimer le 1er octobre 2001
sur les presses de
IDG
Imprimerie D. Guéniot
Langres - Saints-Geosmes

Dépôt légal : octobre 2001 - N° d'imprimeur : 4454